한국전쟁사

차례

Contents

재역전

서울을 둘러싼 공방전

맺으며

들어가며

다른 나라의 현대사에 비해 한국 현대사는 뚜렷한 특징 하나를 안고 출발했다. 제국주의 일본의 식민지에서 벗어나면서, 외세에 의하여 나라가 곧바로 둘로 쪼개졌다는 점이다. 게다가 둘로 쪼개진 지역에는 각각 공산주의와 자본주의라는 상극의 체제가 심어졌다. 한국인들의 의사와 상관없이, 한반도를 자신들의 편의대로 분단시킨 강대국들이 일방적으로 강요한 구조였다.

이 구조 때문에 한국 현대사에는 많은 파란이 일어났다. 이른바 '한국전쟁'도 그중의 하나였다. 전쟁이 일어나게 된 근원적인 원인은 서로 대립적인 체제를 가진 두 개의 국가 체제가 성립되어, 상대를 '태어나지 말았어야 하는 존재'로 간주하고 소멸시키려는 노력에 치중했다는 데에 있다. 여기에 소련의 군사원조를 받았던 북한군의 전력은, 미국의 원조에 기대고 있던 국군에 비해 일방적인 승리를 장담할 수 있을 만큼 압도적이었다. 이러한 조건에서 북한의 남침은 거의 필연적이라 할 수 있었다.

이와 같이 전쟁이 일어나게 된 기본적인 원인은 비교적 분명하지만, '누가 왜 전쟁을 일으켰는가'라는 점에 대해서는 아직도 논쟁이 진행 중이다. '전쟁의 책임' 같은 현실적인 문제가 걸려 있기 때문이다. 그래서 한국전쟁이라는 주제는 역사 문제임에도 불구하고, 역사적 진실보다 각 정치세력에 유리한 논리 만들기에 휘둘리고 있는 것이 현실이다.

그렇기 때문에 전쟁의 원인이 한국 내부의 분열에 있었다는 브루스 커밍스(Bruce Cumings)의 이른바 '내인론(內因論)'이나 미국의 입장 때문에 전쟁이 유도되었다는 '남침유도론' 같이 완전히 차원이 다른 학설들도, 북침론의 일부로 인식하는 경향까지 생긴다. 이러한 인식 때문에, 전쟁이 일어난 이후 전개되었던 파란만장한 사건들도 복잡미묘한 요소들을 살피기보다 이념으로 경직된 시각에 끼워 맞추어 해석하기 십상이었다.

이러한 시각에서 벗어나서 보면, 한국전쟁은 의미심장한

사건의 연속이라 할 수 있다. 우선 한국을 포기하려 한다는 인상을 주던 미국은, 막상 전쟁이 일어나자 태도를 180도 바꾸어 적극적으로 개입했다. 이를 계기로 전쟁의 양상은 남·북한의 대결이 아니라 미국을 중심으로 한 유엔과 공산 진영의 대리전 형태로 바뀌었다.

전쟁 초기 걷잡을 수 없을 정도로 붕괴되어, 대한민국의 소멸이 시간문제로 여겨지던 상황이, '세계 최강'으로 꼽히던 미군이 투입되면서 점차 역전되기 시작했던 것이다. 결국 낙동강 전선에서의 반격과 이른바 '인천상륙작전'을 계기로 이번에는 북한군이 급격하게 붕괴되었다.

그런데 전세를 역전시킨 계기로 인식되어 왔던 '인천상륙작전'은 북한 측이 인천에 유엔군이 상륙하려 한다는 점을 미리 알고 있었기 때문에 기습이라 할 수 없었다. 역전의 근본적인 요인은 북한 측의 전력이 점차 소진되어 간 반면, 미군 중심의 유엔군은 대폭 증강되면서 전력 균형이 역전되어 있었던 것이라고 해야 할 듯하다. 그랬기 때문에 북한 측에서는 인천에 유엔군이 상륙하려 한다는 점을 미리 간파하고서도 이를 막을 만한 전력을 배치하지 못했던 것이다.

약간의 망설임과 논란이 있었지만, 유엔군과 국군은 여세를 몰아 38선 이북으로 진격해서 김일성 정권을 무너뜨리고 통일을 이루려 했다. 일부 부대가 중국, 소련과의 국경인 압록강, 두만강 지역까지 진격하면서 이 목적은 이루어지는 듯했다. 그렇지만 여기서도 공산당이 통치하던 중국의 개입이라는 새로운 요소가 생겨나면서 파란이 일었다.

그런데 여기서도 의미심장한 요소가 무시되어 왔다. 먼저 이때 투입된 중국군은 20만 명 정도로, 비슷한 병력을 가지고 있던 유엔군과 국군을 상대로 '인해전술'을 구사할 수 있을 만큼 압도적인 병력을 보유한 상태가 아니었다. 또한 1950년 10월 말부터 투입되었던 중국군이 국군 및 미군과 전투를 벌였음에도 과연 유엔군 측에서 중국군의 투입 사실을 몰랐는가도 논란거리다.

이는 중국군과 유엔군 사이에 전투가 벌어진 이후에도 맥아더(Douglas MacArthur)가 미국 대통령의 훈령까지 어겨가며 유엔군 부대로 하여금 중국, 소련 국경까지 진격하도록 명령을 내렸던 사실과 밀접한 관계가 있다. 이 때문에 전선의 균형이 완전히 무너져, 중국군이 국경 지역까지 진격했던 유엔군의 배후를 차단하고 고립시킬 수 있는 지점까지 거의 무저항 상태로 진입할 수 있었다.

결국 이때 개시된 중국군의 전면적인 공세로 인하여, 유엔군은 서울까지 다시 내주어야 할 정도로 큰 타격을 받았던 것이다. 그래서 한때 또다시 한국을 포기해야 한다는 발상도 제기되었다.

그렇지만 유엔군이 다시 전선을 정비하자, 더욱 증강된 중국군도 힘을 쓰지 못했다. 이번에는 전선의 균형을 맞추어 가면서 신중하게 진격한 결과, 유엔군은 다시 서울을 되찾을 수 있었다.

이렇게 하여 서울을 재탈환한 이후에는 상당한 희생을 치른 참전국들이 승리보다 더 이상의 피해를 막는 데 더 주력하게 되었다. 이 과정에서 미 행정부의 의사를 무시하고 독단적인 정책을 추구하던 맥아더가 트루먼(Harry S. Truman) 대통령에 의하여 해임되는 사건도 있었다. 휴전 회담에서도 우여곡절이 많았지만, 결국은 일단 휴전으로 전쟁의 결말을 지었다.

이와 같이 파란만장하고 의미심장한 사건들이 즐비함에도 불구하고, 한국전쟁을 보는 시각은 좌우 한쪽의 입장을 강조한 것이 많다. 한국전쟁에 유난히 의혹이 많을 수밖에 없는 이유도 여기에 있다. 세상만사가 다 그렇겠지만 전쟁처럼 여러 가지 요인이 복잡하게 작용하는 경우도 드물다. 이렇게 미묘한 문제를 이념이나 이론의 틀로만 설명할 수는 없다. 그러니 일정한 틀에서 벗어난 사건들은 수수께끼가 될 수밖에 없었을 것이다. 그러니 이제는 '논리 개발'보다 기본적이면서도 잘 알려지지 않은 사실들을 총체적으로 정리해 놓는 데에 치중할 필요가 있을 것이다. 이 책의 비중은 여기에 두었다.

전쟁 전야

정부 수립 이후의 혼란

북위 38도선을 기준으로 남쪽과 북쪽에 진주한 미국과 소련은, 점령 지역에 자신들에게 우호적인 정부를 세우기 위한 노력을 기울였다. 북한으로 진주한 소련 제25군 사령관 치스차코프(Ivan Chistiakov) 대장은 1946년 8월 26일 평양에 소련군 사령부를 설치하고 군정 체계를 갖추었고, 군정을 실시할 기관으로 로마넨코(Andrei A. Romanenko)를 수장으로 하는 민정관리총국을 설치했다.

남한에 진주한 미국은, 1945년 9월 9일 하지(John. R.

Hodge) 중장이 아베 노부유키(阿部信行) 조선총독으로부터 항복문서를 접수하면서 군정의 첫 걸음을 떼었다. 이어 9월 12일 아놀드(Archibald V. Arnold) 소장을 군정장관에 임명한 뒤, 20일부터 본격적으로 미군정(美軍政) 체제를 갖추었다.

그런데 아베는 일본의 항복이 확실해지자, 한국에 있는 일본인의 안전을 보장받기 위하여 이미 8월 15일 오전 8시를 전후하여 여운형(呂運亨)에게 한국의 통치권을 넘긴 바 있었다. 이에 따라 여운형은 한국의 독립국가 건설을 위해 이른바 조선건국준비위원회(朝鮮建國準備委員會: 약칭 건준)를 결성했다. 이 때문에 남한을 자기들 식으로 통제하려는 미군정과 완전한 독립을 목표로 하는 건준 사이에 갈등의 소지가 만들어졌다.

이후 미국과 소련은 제2차 세계대전 전후처리 회담에서 합의한 대로 1946년 3월 20일부터 미소공동위원회를 열었다. 그러나 미소공동위원회는 1946년 5월 1일까지 7차례에 걸친 공동 성명을 발표하면서 서로의 이견만을 확인한 뒤, 같은 해 5월 8일 결렬되고 말았다. 이후에도 몇 번의 협상을 벌였지만, 결국 실패로 돌아갔다.

그 결과 남한과 북한에 별개의 정부가 들어서게 되었다. 남한에서는 1948년 5월 10일 단독 선거가 실시되고 난 후, 같은 해 대한민국 정부가 공식적으로 출범했다. 북한에서는

1948년 8월 인민회의 선거가 실시되고, 같은 해 9월 9일 조선민주주의인민공화국 성립이 선포되었다.

남·북한에 단독 정부가 수립된 이후, 북한에 비해 남한의 내부 갈등이 심했다. 제주도의 이른바 '4·3 항쟁'에서 심각한 갈등이 표면으로 부각되었다. 1947년 3·1절 기념집회에서 시위 군중을 향해 경찰이 총을 쏘아 6명의 희생자를 냈던 것이 이 사건의 직접적인 원인이다. 이에 항의해 제주도에서 총파업이 일어났고, 미군정은 이에 대응해 3월 7일 계엄령 선포와 함께 대대적인 검거와 투옥을 실시했다. 이 과정에서 많은 수의 제주도민들이 희생되었다.

미군정은 제주도의 저항을 진압하기 위해, 추가로 여수에 주둔하고 있던 국군 부대를 제주도에 파견하라는 지시를 내렸다. 그런데 파견 명령을 받은 부대 일부가 이 명령을 거부하고 반란을 일으켰고, 순천의 일부 부대와 합세해 주변 지역을 점령했다. 이것이 여수·순천 사건(麗水順天事件)이다. 이 반란은 며칠 만에 곧 진압되었고, 이승만 정부는 이 사건을 빌미로 국가보안법을 제정하고 군대에 대한 숙청을 진행시켰다.

일제 잔재 청산을 위해 만들어진 반민족행위특별조사위원회(反民族行爲特別調査委員會: 약칭 반민특위)가 이 일에 앞장선 국회의원들이 남로당과 접촉하며 간첩 활동을 했다는 이

유로 검거되면서 와해되는 일도 있었다. 이것이 이른바 '국회 프락치 사건'이다. 이승만과 정치적 경쟁자였던 김구(金九)가 육군 소위 안두희에게 암살당한 사건 역시 남한 내부의 갈등을 보여 주는 또 하나의 대표적 사례다.

일부 검사들이 주도해서, 좌익 운동을 하다 전향한 사람들을 별도로 관리하기 위해서라는 명분으로 국민보도연맹(國民保導聯盟: 약칭 보도연맹)을 조직했던 일도 있었다. 이 조직은 후에 갈등을 넘어 학살의 빌미가 되기도 했다. 그리고 이러한 움직임이 한국전쟁의 원인은 내부에 있었다는 주장의 근거가 되었다.

남한이 이와 같이 심한 갈등에 휩싸인 데 비해 북한에서는 김일성 중심의 권력 구조가 확립되어 갔다. 1948년 2월에는 '인민군' 창설까지 마쳤다. 북한의 김일성 정권이 안정을 찾아가면서, 소련은 1948년 10월 북한 정권을 승인하고 12월에는 진주했던 군대를 철수시켰다. 그리고 한반도에서의 외국 군대 철수라는 명분에 밀려, 주한 미군도 1949년 7월 1일자로 철수를 끝냈다. 1949년 10월에는 중국 대륙이 공산화되었다.

사태가 불리하게 전개되었지만, 이승만은 "점심은 평양에서 저녁은 신의주에서"라는 구호를 내세우며 공공연히 북진통일을 외쳤다. 이 때문에 남한이 북침을 감행했다는 주장이

나올 핑곗거리가 되었다. 이승만은 취약한 지지기반과 심각한 경제위기를 타개하기 위해 미국의 원조를 요구했지만, 필요한 만큼을 얻지 못했다. 그래도 남한 내부의 공산당을 의미하는 이른바 '남로당'이 붕괴하면서, 김일성이 전쟁 없는 적화통일을 기대하기는 어렵게 되었다.

상황이 이와 같이 전개되자, 김일성은 1949년 말 모스크바를 방문해서 남침 계획에 대해 소련의 스탈린(Iosif V. Stalin)과 논의했다. 누가 남침 계획을 주도했느냐에 대해서는 약간의 논란이 있지만, 이 만남 후 북한의 남침 결의는 확고해졌다. 그럼에도 불구하고 김일성은 남북통일최고입법회의의 서울 개최, 남북 국회에 의한 통일 정부 수립을 주장하는 등, 평화 공세를 펼치며 전쟁을 일으킬 의도를 감추었다.

그렇지만 한편으로는 공공연하게 남한 동포들을 '해방'시키겠다는 뜻을 내비쳤다. 심지어 1949년 10월 북한 측에서 유엔 사무총장에게 내비쳤다. 보낸 한 서한에서는, 힘으로 통일을 이룰 권리가 있다는 뜻을 밝히기도 했다.

이와 함께 38선에서 남·북한 군대의 충돌이 심해지기 시작했다. 북한은 국군이 갖지 못한 전차(戰車)를 보유하고 있었음에도, 전차에 대한 저항력을 길러 주지 않겠다는 계산으로 이때의 충돌에서는 동원하지 않았다.

당시 주한 미국대사였던 무초(John J. Muccio)와 신임 주한 미군사령관 등은 가까운 장래에 북한의 침공이 있을 것으로 보았다. 그래서 무초 대사는 주한미군의 철수 연기를 요청하기도 했다.

전쟁 직전의 남·북한 군사력

남·북한에 단독 정부가 수립된 이후, 양쪽 정부는 국가 체제와 함께 군대도 갖추었다. 그러나 전력(戰力)에는 상당한 차이가 있었다.

북한은 소련의 체계적인 지원을 받으며 현대전을 치를 수 있는 군사력을 갖추어 나아갔다. 북한군은 1948년 10월에 소련군이 철수할 때 즈음부터 장비와 무기를 잘 갖춘 보병에, 소련제 전차와 자주포를 갖춘 기갑부대까지 보유하였다. 전쟁이 일어날 때 즈음에는 제일선에 13만 5,000명의 병력을, 후방에 10만 명의 예비대를 배치할 수 있었다.

1949년 3월 18일에 체결된 중국과의 상호방위조약 덕분에, 실전 경험을 갖춘 중국 공산군 소속 조선 출신 병사 2만 5,000명이 북한 인민군에 편입된 것도 큰 전력이었다. 여기에 구경 122밀리미터 포와 76밀리미터 포, 각각 150대의 전차와 항공기 같은 중장비도 보유한 전력을 갖추었다. 이 중 T-34 전차는 제2차 세계대전 초부터 사용되었지만, 꾸준한

개량으로 실전에서 대단한 위력을 발휘했다.

이는 상대적으로 남한의 군사력이 수준 이하였다는 점과 맞물려 있었다는 뜻이다. 1945년 9월 25일, 합동참모본부는 신임 국방장관 포레스털(James V. Forrestal)에게 "한국에 군대와 기지를 유지하는 것이 미국에 전략적 이익이 거의 없다"고 보고했다. 남한에 대한 군사 원조도 이러한 기조를 바탕으로 짜였다. 남한의 경비대로는 나라를 지켜 낼 수준이 될 것 같지 않지만, 남한에 대한 군사원조는 더 중요한 다른 지역의 원조에 차질을 주지 않는 범위에서나 제공되어야 한다는 태도였다.

형식적으로는 1948년 8월의 정부 수립과 함께, 남한도 미군정 산하 국방경비대와 해안경비대가 각각 육군·해군 체제를 갖추었다. 1949년 4월에는 해병대, 그리고 10월에는 공

육 군	8개 사단(22개 연대)	67,416명
	지원 및 특과부대	27,558명
	계	94,974명
해 군	3개 정대, 7개 경비부	7,715명
해병대	2개 대대	1,116명
공 군	1개 비행단, 7개 기지	1,897명
총 계		105,752명

[표 1] 국군의 병력

군이 편성되어 병력은 약 10만 명에 이르렀다.

그렇지만 미국의 정책에 따라 국군에게는 숫자보다, 실전에서 결정적인 역할을 하는 무기와 장비에 심각한 문제가 생겨났다. 지상전에서 결정적인 역할을 하는 전차를 보유하지 못했음은 물론, 북한이 보유하고 있던 주력 전차에 대응할 수 있는 대전차 화기조차 변변히 갖추지 못했다. 국군 무기 체제의 특징 중 하나는 지상군 무기의 대부분이 개인화기 내지는 휴대용 화기에 집중되어 있다는 것이었다. 중화기라 할 수 있는 것이라곤 구경 105밀리미터 포 정도에 불과한데, 그마저 질적·수적으로 충분하지 못했다. 이런 정도의 화

105밀리미터 포

력으로 전면전을 치른다는 것은 상당히 역부족이다.

결정적인 것은 현대 지상전에서 핵심적인 전력 중 하나인 대전차화기 중 북한의 주력전차 T-34형을 파괴할 수 있는 것이 거의 없었다는 점이다. 그나마 T-34를 파괴할 가능성이라도 있었던 무기가 105밀리미터 포였지만, 이는 대전차포로 개발된 것도 아니었고, 그조차 조준기 등이 부족하여 대전차화기로는 제대로 사용하기 곤란한 상태였다.

이것이 북한의 T-34 전차에 속절없이 전선이 무너지는 계기였다. 필수적인 무기와 장비로 기본적인 방어 체계를 갖추지 못했기 때문에, 국군은 전반적으로 방어에 유리한 지형조차 제대로 활용하지 못했다.

여기에 공군은 편성만 되어 있었을 뿐, 12대의 연락기와 10대의 훈련기밖에 없었다. 실제 전투에 활용할 수 있는 전력은 없는 것과 마찬가지였다. 국군의 전반적인 전력이, 북한의 전면적 남침에 대응할 능력이 없는 상태였던 셈이다.

그렇게 된 원인은 남한 측에 원조를 제공하던 거의 유일한 세력인 미국이 애초부터 국군에게 경비대 개념 이상의 무기와 장비를 갖추어 줄 계획이 없었기 때문이다. 일단 원조금액 자체가 수천만 달러 수준에 머물러 있었다. 전력의 차이를 의식한 남한 정부가 무기나 장비의 보강을 요청했지만, 미국 측에서는 시간이 지나면 폐기처분해야 할 것들도 제공하려 하지 않았다. 그나마 일부는 전쟁이 일어날 때까지 도착하지도 못했을 정도로 제공이 늦추어졌다.

구 분	한 국 군	북 괴 군
지상화력	곡사포 : 91문	자주포 및 각종 곡사포 : 728문
	대전차포 : 140문	대전차포 : 550문
	박격포 : 960문	박격포 : 2,318문
	장갑차 : 24대	장갑차 : 54대
		전차 : 242대
해 군	수송선 및 기타 : 43척	수송선 및 기타 : ?
공 군	연락기 및 연습기 : 22대	전투기 폭격기 및 기타 : 211대

[표 2] 당시 남북한의 무기 비교

주한 미군사고문단도 국군의 상태가 어느 정도였는지 알고 있었다. 1950년 6월의 보고서에 의하면 전투부대에 대한 보급과 정비가 필요한 최저한도에 그치고 있으며, 모든 종류의 부품은 떨어지고, 국군 무기의 15%, 수송수단의 35%는 사용할 수 없었다고 한다. 이런 수준의 보급과 장비로는 전면전이 벌어질 경우 15일 이상 지탱하기 불가능하다고 판단하고 있었다. 6월 15일에는 한국이 중국과 똑같은 재난을 맞이할 것이라는 경고를 했다. 미 극동군 사령관이었던 맥아더 역시 같은 의견이었다.

남침 대비 태세

북한의 남침이 일어날 경우 국군이 버티어 낼 수 없다는 점이 명백했음에도 불구하고, 미국은 이에 대비한 조치에 별다른 신경을 쓰지 않았다. 이승만 정부의 요청에 따라 철수가 잠시 연기되기는 했으나, 심각한 열세에 놓여 있던 국군의 전력을 메워 주던 주한미군마저도 500명 정도의 군사고문단만을 남긴 채 철수해 버렸다.

여기에 쐐기를 박아 버린 사건이, 1950년 1월에 있었던 딘 애치슨(Dean G. Acheson) 미 국무장관의 성명이다. 이때 발표된 성명서에, 한국과 대만을 미국의 극동방어선에서 제외시킨다는 내용이 들어가 있었던 것이다. 이는 대한민국이 침략을 받더라도 미국이 방어해 줄 의사가 없음을 공식적으로 밝힌 것으로, 북한을 비롯한 공산 측에 미국이 개입하지 않을 것이라는 확신을 심어 주는 계기가 되었다.

'애치슨 라인'이 남한을 포기하겠다는 뜻이 아니었다고 해석하는 경우도 있지만, 적어도 당시 미국은 그런 인식을 뒤집을 만한 발표를 한 적이 없다. 휴전 이후 한반도에 위기 상황이 발생했을 때마다, 미국의 강력한 경고와 뒤이어 취해졌던 조치 덕분에 전쟁으로 번지지 않았던 경우와 대비가 된다. 이와 같은 미국의 행동 때문에 당시 미국은 남한을 포기하려 했다고 보는 경우가 많다. 실제로 유럽 지역 등에 대한 군사원조와 비교해 보면 미국의 정책에서 한반도의 비중이 그다지 높지 않았음을 확인할 수 있다. 더욱이 미군 자체의 전력도 예산 삭감과 함께 감축되고 있는 상황이었다.

전쟁이 일어날 경우 남한이 버티어 낼 수 없다는 점이 확실해지면서, 전쟁의 징조는 더욱 강하게 나타났다. 먼저 38도선 인접 지역에 사는 북한 측 민간인들이 4~8킬로미터 정도 북쪽으로 소개(疏開: 집중되어 있는 주민이나 시설물을 분산하는 것)되었다. 여기에 군사용 도로도 건설되고 있었다. 그러나 이런 정보가 미국 정보참모부에는 보고되지 않았다고 한다. 그렇기 때문에 미국 측에서는 "북한군의 전력이 계속 증강되어 대한민국을 침략할 수 있었다는 점은 모든 정보기관이 다 알고 있었지만, 정확한 날짜와 침략이 임박했음은 몰랐다"고 주장하고 있다.

그렇지만 국군 측에서는 6월 22~23일 입수된 첩보를 분석하여 적의 활동이 매우 활발하다는 점을 알아챘다. 대한민국 정보 실무자들은 "북괴의 전면공격이 임박한 것으로 보이며, D-Day(작전개시일)는 이 날(6월 24일)이나 다음날이 될지도 모른다"는 우려 섞인 결론을 내렸다. 이외에도 육군본부 상황실에는 밤새도록 적의 공격을 예고하는 보고가 간헐적으로 들어오고 있었다.

이 때문에 6월 24일 15시, 채병덕 총장을 위시한 주요 간부들이 육군본부 상황실에서 긴급 회합을 가지고 상황을 분석했다. 이 자리에서 비상경계령 해제의 즉각 중지, 즉시 휴가 및 외출 중지, 그것도 안 되면 최소한 2/3 병력의 영내 대기 등의 건의가 나왔다. 그러나 이 모든 건의는 받아들여지지 않았다. 유일한 대책이라는 것이 "첩보대를 주요 지점에 파견해서 상황을 살피고 다음날 08:00까지 보고하라"는 정도였다.

오히려 국군 지도부는 이렇게 상황이 급박하게 돌아가고 있었음에도 불구하고, 전쟁이 일어나기 바로 전날에 그때까지 걸려 있던 비상경계령을 해제했다. 그러면서 많은 병사들이 휴가를 나가 버렸다. 이 바람에, 그나마 열세였던 전력조차 사실상 붕괴되었다. 더구나 8개 사단 중 4개 사단은 38선으로부터 먼 후방에서 공산 게릴라 소탕에 투입되어 변변한 예비대도 없는 상태였다.

더욱이 전쟁이 터지기 불과 몇 시간 전인 24일 밤, 육군회관 장교클럽 준공 파티가 열렸다. 여기에는 군의 실질적 책임자인 채병덕 총참모장을 비롯한 육군본부의 참모장교는 물론이고, 각급 부대 지휘관에 참모학교 요원과 교육을 받던 사람들까지 참석하여 밤늦도록 연회를 벌였다.

전쟁이 일어난 후

거듭된 혼선과 실책

1950년 6월 25일 새벽, 38선 전역에 걸쳐 북한군이 침공을 개시함으로써 전쟁이 일어났다. 전면전을 시작한 지 몇 시간 후인 11시, 북한 측에서는 "서울의 괴뢰 정부군이 반역적인 침략을 해와 어쩔 수 없이 반격한다"라는 방송을 했다.

그렇지만 그런 방송에 걸맞지 않게, 전쟁 준비가 제대로 되어 있지 않았던 국군은 수도 서울 방면을 비롯한 대부분의 전선에서 맥없이 무너졌다. 특히 소련제 T-34를 앞세운 북한의 공격에 제대로 대응하지 못했다. 그런데도 이날 대한민국 국방부를 통해 "국군 제17연대가 해주에 돌입했다"는 기사가 흘러나왔다. 이 기사는 나중에 남한 측이 먼저 도발을 했다는 증거로 악용되었다.

전선의 상황이 심각하게 악화되고 있었음에도 불구하고, 대한민국 국방부 측에서는 낙관적인 전망만 내놓았다. 전쟁이 일어난 당일 13시의 공식 담화문에서 "적이 전차까지 동원하여 침입하였으나, 우리 대전차포에 의하여 격파되고 말았다"면서 "전 국민은 군을 신뢰하고 미동도 없이 각자의 직장을 고수하면서 군 작전에 적극 협력하기 바란다"는 식의 내용을 신문 호외 형태로 발표했다. 14시 대통령 주재로 열린 국무회의에서도 채병덕 육군참모총장은 "후방 사단을 진출시켜 반격을 감행하면 능히 격퇴할 수 있을 것으로 본다"는 보고를 올렸다.

다음날인 26일 08시 신성모 국방장관은 KBS 방송에 나가 "침입한 적은 국군의 반격으로 후퇴하고 있다. 이 기회에 압록강까지 진격하여 민족의 숙원인 국토 통일을 완수할 것이다"라는 방송을 내보냈다. 같은 날 11시 중앙청에서 열린 비상국회에 출석해서도, 신성모 장관은 "3~5일 이내에 평양을 점령할 수 있는 만반의 준비와 군대를 가지고 있다"고 했고, 채병덕 총장은 "적을 의정부 밖으로 격퇴했고, 3일 안에 평양을 점령하겠다"고 큰소리를 쳤다.

그러면서도 26일 심야에 소집한 군수뇌 연석회의에서는 "전황이 악화될 경우 육군은 게릴라전으로 최후까지 항전하며, 해군과 공군은 지상군에 협력하다가 최후의 단계에서는 망명정부 요인 수송을 담당한다"는 방침을 세워 놓았다. 이러한 국방부의 내심은 곧 행동으로 나타났다.

27일 01시 중앙청에서 열린 비상국무회의에서 신성모 국방장관은 정부의 수원 이동 문제를 발의했다. 이어 열린 심야국회에서 채병덕 총장은 "서울을 고수한다. 그리고 반격으로 전환, 백두산에 태극기를 꽂을 것이다"라며 큰소리를 쳤지만, 신성모 국방장관은 "전세로 미루어 정부의 이동이 불가피하다"는 암시를 주었다.

논란 끝에 국회는 '서울 사수'를 결의했지만, 27일 날이 밝기도 전인 02시 신성모 장관이 이승만 대통령에게 피신을 강력히 권고했다. 대통령은 한동안 피난을 거부했다지만, 03시경 결국 경무대를 떠나 피난길에 올랐다. 정부는 27일 06시가 되어서야 수원 천도를 발표했다. 주한 미국대사인 무초도 26일 01시 즈음에 미국인 가족들에게 서울을 떠나도록 하는 명령을 내리고 철수에 들어갔다.

전황이 급속히 악화되면서, 채병덕 총장은 26일 밤부터 한강 다리를 폭파할 준비도 진행시켰다. 이러한 상황 속에서도 대한민국 라디오 방송에서의 전황 보고는 낙관적이었다.

그러면서 6월 28일 새벽 2시 경, 서울 시민에 대한 피난조치나 심지어 일선에서 전투를 치르고 있는 부대들에 대한 철수 명령조차 없는 상태에서 한강에 설치된 다리들을 폭파시켜 버렸다.

그것도 민간인들이 한강 다리를 건너고 있는 와중에 폭파시킨 것이다. 이미 정부를 믿지 못하게 된 사람들의 이동을 통제할 수 없게 된 상황에서, 예고도 없이 다리를 폭파시키는 바람에 많은 민간인들이 희생되었다. 게다가 애초부터 피난 대책도 없었고 피난시킬 의지조차 없었던 정부의 조치로 인하여, 나머지 서울 시민은 피난길이 막히면서 공산 치하에 남게 되었다.

또한 국군 병력의 퇴로가 막혀 버렸으며, 몇 개 사단을 지원할 수 있는 차량, 장비 및 보급품도 미리 이동시키지 못한 채 고스란히 적의 수중에 떨어졌다. 나중에 한강을 넘어 후퇴했던 국군 부대들도 포나 차량 같은 중장비를 가져올 수 없게 되어 모두 버리고 소총 같은 개인화기 정도밖에 건지지 못했다.

여기에 가뜩이나 버티기 어려웠던 국군의 전열을 흐트러뜨리는 실책도 계속 벌어졌다. 동해안에 배치되어 있던 국군 제8사단은 "충주로 이동하라"는 정체불명의 전문을 받고 확인도 하지 못한 채 그대로 따랐다. 이 때문에 제천에서 단양까지를 거저 내주었다. 후에 제8사단장은 육군본부에서 "그런 명령을 내린 적이 없다"는 대답을 확인했다.

서부 전선에서 채병덕 육군 참모총장은, 전날 병영 밖으로 휴가 나갔던 병사들을 복귀시키는 것이 쉽게 이루어지지 않자, 비상 소집된 순서대로 임시 편성하여 병력을 투입하라고 지시했다. 기존의 부대 편성도 무시하고 대대 단위 정도 되는 500명이라는 소규모 단위로 재편성해서 투입하라는 셈이었다.

제2사단장 이형근 준장이 "사단 주력의 집결은 다음날 아침에야 이루어질 것이며, 날이 어둡고 지형도 생소하여 병력을 분산시켜 투입해서는 안 된다"라고 건의했지만, 채병덕 총장은 듣지 않았다. 이렇게 병력을 투입하는 바람에, 부대의 연락과 협조, 상하 지휘체계까지 확립되지 않아 제대로 전투력을 발휘하지 못했다. 결과적으로 이렇게 투입된 부대들이 각개 격파되어 버리는 결과를 낳았다.

여기에 도저히 반격할 상황이 되지 못하는 상황에서, 채병덕 총장은 국군 제2사단과 제7사단에게 반격 명령을 내렸다. 이때에도 제2사단장은 병력이 제대로 집결한 이후에 한강 방어에 치중해야 한다고 건의했지만, 채병덕 총장은 이 또한 묵살하고 이미 내려진 명령을 고집했다.

채병덕 총장은 더 나아가 수류탄과 화염병으로 전차에 육탄 공격을 하라는 명령까지 내렸다. 적 전차를 저지할 무기가 없는 국군 병사들은 수류탄과 박격포탄을 전선으로 이어 만든 급조 폭탄을 안고 적 전차의 무한궤도로 뛰어드는 육탄 공격을 감행하기도 했으나, 이러한 공격 방법은 적 전차를 잠시 지연시킬 수 있는 정도에 불과했다.

무기, 장비, 병력 등에서 현저하게 열세인 국군의 전력으로 무리하게 감행된 반격은, 얼마 가지 못해 와해되었다. 그렇지만 채병덕 총장은 오히려 반격에 적극적이지 않았다는 이유로 이형근 제2사단장을 해임해 버렸다. 그리고 의정부 방면에 예비대까지 투입하라고 명령을 내렸다. 그렇지만 의정부는 이미 적의 손에 점령되고 난 다음이었다.

춘천-홍천 지역에서의 선전(善戰)과 북한 측 작전의 차질

이렇게 대부분의 전선에서 국군 방어선이 무너지고 있던 와중에, 비상경계령 해제에도 불구하고 병사들의 휴가를 보내지 않았던 춘천-홍천 지역의 전선(戰線)에서는 기대 이상의 선전(善戰)을 했다. 사실 이 지역은 선전을 기대할 수 있는 지역이 아니었다.

이 지역을 맡고 있던 북한 제2군단은 이른바 '팔로군' 출신이 다수 포함된 북한군 최정예 부대였던 것이다. 북한 측에서 춘천-홍천 지역에 최정예 부대를 배치해야 했던 이유는, 6월 25일 당일에 춘천을 점령하고 즉각 수원 방면으로 진격해서 서울 방어를 위해 집중될 국군의 증원 부대를 차단함과 동시에 한강 이북의 국군을 포위·섬멸하는 임무 때문이다. 이 임무가 성공적으로 수행되었으면, 대부분의 국군 부대는 초전에 포위되어 전멸당할 수밖에 없었다.

이에 비해 이 지역의 국군이 무기나 장비, 병력면에서 특별히 나은 점을 가지고 있지도 않았다. 수도 서울이 자리 잡고 있는 서부 전선보다 전략적 비중이 더 컸을 리 없기 때문이다. 오히려 이 지역의 방어를 맡고 있던 국군 제6사단에는 불리한 점까지 있었다.

소양강 남쪽 방면의 방어를 맡은 제2연대가 6월 20일에야 원래 이 지역을 맡고 있던 제8연대와 교체되며 배치되었기 때문에, 방어를 하는 입장이었음에도 지형을 파악하기 어려운 상태였다. 이 때문에 전투가 벌어지고 병력이 배치되는 과정에서 자기 위치를 찾지 못하고 해매는 병력도 다수 생겼다고 한다.

예비대인 제19연대 역시 5월 1일 사단에 배속되면서 방어 및 전투 태세를 제대로 갖추지 못하고 있었다. 여기에 미리 준비를 하고 공세를 취했던 북한군과 달리, 일요일 새벽에 기습을 당한 상태였기 때문에 초반에 전방의 진지가 포격으로 휩쓸려 버린 상태였다.

그런데도 이 지역의 국군은 선전했다. 먼저 국군 제6사단 소속 제7연대가 방어를 맡고 있는 춘천 방면에서 개가를 올렸다. 이 지역에서는 적이 보유한 122밀리미터 야포보다 사정거리가 짧은 105밀리미터 야포를 가지고도, 보병의 이동에 따라 움직이며 짧은 사정거리를 보완했다. 이러한 전술적 기지를 발휘한 포병의 지원 덕분에, 방어에 불리한 평야지대를 엄폐물 없이 포격에 노출된 지역으로 활용할 수 있었던 것이다.

더 주목할 만한 사실은 적 기갑차량을 파괴하는 데에도 뛰어난 기지를 발휘했다는 점이다. 이 방면의 전선에서도 국군이 가지고 있는 대전차포로는 적 기갑차량을 명중시키고도 파괴하지 못하는 일이 계속 반복되었다. 그러자 이렇게 한참 성능이 모자라는 대전차포는 보조 공격수단으로 활용하면서, 길가의 은폐물에 숨어 있다가 지나가는 적 자주포에 기어올라 포탑에 수류탄과 화염병을 던져 넣어 파괴하는 용맹을 보여 주었다. 이를 통하여 아직 전차와 자주포를 제대로 구별하지 못했던 국군 장병들에게 적 탱크를 파괴할 수 있다는 자신감을 심어 주는 데에도 큰 역할을 했다.

이러한 기조는 홍천 방면에서도 이어졌다. 이 지역에 자리 잡고 있던 말고개는 도로가 산을 끼고 구부러지는 S자 형으로 되어 있었다. 이런 도로의 모퉁이에 매복하고 있으면, 적의 기갑차량이 모퉁이를 돌며 나타나는 틈을 이용해 공격할 수 있었다. 물론 이런 전술도 명중해 봐야 소용없는 국군의 대전차포 때문에 무력해졌다. 하지만 이 방면의 국군은 대전차포로 적 기갑차량을 파괴하지 못하자, 역시 수류탄과 화염병을 이용해 육탄 공격을 감행하는 용맹으로 맞섰다. 이 지역 도로 옆에 숨어 있을 만한 물건이 없자, 시체로 위장하여 적 기갑차량이 지나갈 때를 기다렸다.

이런 기지와 용맹 덕분에 이쪽 전선만큼은 북한군의 진격을 한동안 지연시키는 전과를 거두었다. 그럼에도 불구하고 국군 제6사단 역시 후퇴하지 않을 수 없었다. 서부 전선의 급격한 붕괴와 동부 전선의 국군 제8사단이 확인되지 않은 명령에 따라 제천에서 단양까지 내주는 바람에 국군 제6사단은 더욱 큰 압력을 받아야 했다.

그렇지만 여러 한계에도 불구하고 국군 제6사단의 선전은 북한 측의 전략에 상당한 차질을 가져왔다. 북한 측의 전략이 원래 6월 25일 당일에 춘천을 점령하고 즉각 수원 방면으로 진격하여, 수도권의 국군 주력을 완전 섬멸하겠다는 것이었다. 그래서 이 지역에 북한의 정예부대를 투입한 것이었다. 그런데 오히려 서부 전선에서 혼란과 실책으로 국군 전선이 빨리 무너지는 바람에, 북한 측이 이 방면에 정예부대를 투입했음에도 진격이 늦어진 사태가 곤란을 초래했다. 이 때문에 완전히 붕괴되어 무질서하게나마 후퇴하는 국군부대를 포위할 수 없게 되어 버린 것이다.

즉 이 작전이 실패한 덕분에 초반에 국군을 포위해 완전히 괴멸시키려 했던 북한 측의 전략이 차질을 빚었다. 춘천-홍천 전선의 돌파로 수도권의 국군을 포위·섬멸하려던 계획이 좌절되자, 북한 측은 국군의 퇴각을 막으려고 부득이하게 서부 전선에서 파죽지세로 진격하던 북한군의 진격을 3일간 늦추었다.

더욱이 춘천-홍천 방면의 국군 제6사단은 이렇게 적의 진격을 늦춰 주면서도, 병력의 상당 부분을 수습하여 보존한 상태에서 퇴각했다. 결국 북한 측은 서부 전선의 국군과 중부 전선의 국군 주력을 초반에 섬멸시켜 버리겠다는 전략에 차질을 빚은 셈이다. 이 차질은 국군이 초기 전투에서 완전히 붕괴하는 상황을 막아 주었다.

미국의 적극적 개입

북한이 전면적인 남침을 개시했을 때의 미국 시간은 6월 24일 토요일 오후였다. 이때 트루먼 대통령을 비롯한 미국 고위층은 주말 휴가 일정을 보내고 있었다. 남침 소식은 대

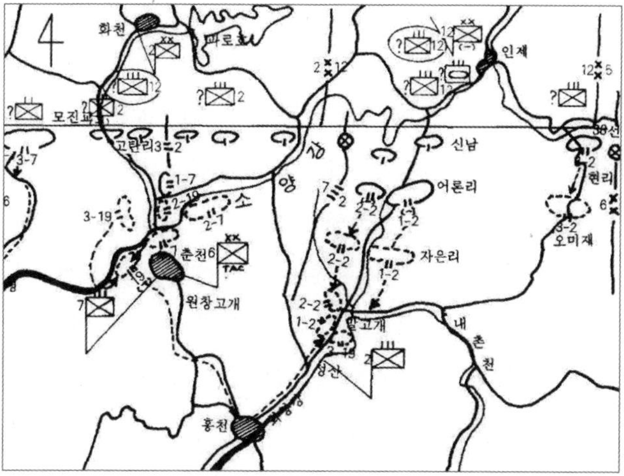

춘천–홍천 지구 전투

체로 5~6시간 만에 이들에게 전해졌다. 그런데 전쟁 발발 소식을 접한 미국은 한국을 지켜 줄 만큼의 전략적 가치가 없다고 했던 그동안의 태도를 바꾸어 즉각 개입을 결정했다. 미국의 개입은 사실상 북한의 남침 소식이 전해지자마자 결정되었다고 해도 지나친 말이 아니다. 트루먼 대통령부터 남침 소식을 보고받자마자 개입을 결심했다고 회고하고 있다.

그런데 당시 미국은 제2차 세계대전이 끝나고 군사비에 들어가는 비용을 줄이고 있던 상황이었다. 이 때문에 미군의 전력은 많이 약화되어 있었다. 미국은 이렇게 약화된 전력으로 다른 지역에서의 분쟁에까지 대비하기 위해서라도, 한국에서의 전쟁을 신속하게 끝내야 하는 과제를 안게 된 것이다.

상당한 무리를 각오해야 했음에도 불구하고, 미국의 개입 조치는 신속하게 취해졌다. 미국은 자국의 극동군 사령관이었던 맥아더에게 "사태 파악을 위한 조사반 파견과 탄약 지원, 미국인의 철수를 보호하기 위한 해·공군 운용"에 대한 명령을 내렸다. 이어 전쟁이 일어난 지 이틀 만에 "북한이 유엔 안전보장이사회의 결의를 무시했다"는 트루먼 대통령의 성명이 발표되면서, 미 해·공군이 북한군을 저지하기 위한 작전에 투입되었다.

27일 아침에는 실제로 미군 전투기가 북한의 야크(Yak)기를 격추시키며 제공권 장악에 나섰다. 이를 바탕으로 27일 밤부터는 폭격기를 동원한 공습도 시작되었다. 곧이어 6월 28일에는 도쿄(東京)에 있던 미 극동군 사령관인 맥아더 원수가 한국으로 날아와 전선을 시찰하고, 미 국방부에 지상군 파견을 요청하기에 이르렀다.

6월 30일에는 지상군 투입도 결정되었고, 며칠 후 실제로 전투에 투입했다. 이로써 미국은 사실상 적극 개입을 결정하고, 실행에 옮긴 것이다. 이와 함께 대만, 필리핀 등의 나라가 공산주의의 위협에서 벗어날 수 있도록 미국이 원조를 제공하는 문제도 논의되었다.

전쟁 초기, 미국은 북한을 쉽게 제압할 수 있다고 생각했다. 맥아더도 2개 사단 정도만 있으면 북한의 침공을 격퇴할 수 있다고 보았다. 북한군의 전력을 과소평가했던 것이다. 그러나 이 정도 병력만으로 북한군을 제압할 수 없다는 점이 분명해지자, 맥아더는 더 큰 규모의 병력 지원을 요청했다.

미 행정부는 필요한 전력을 확보하기 위하여 미국의 군사력 자체를 크게 증강시켰다. 전쟁 수행에 필요한 긴급 예산을 요청하고, 더 나아가 크게 오른 방위비를 확보했다. 병력 확보를 위한 대대적인 병사의 징집도 실시되었다.

미국은 이와 함께 본격적인 개입을 위한 외교도 게을리하지 않았다. 우선 긴급 유엔 안전보장이사회를 소집해 현지 시간 6월 24일 24시에 열리도록 했다. 여기서 미국 주도로 북한의 '침략' 규탄과 북한군에게 38선 철수를 촉구하는 결의안이 채택되었다. 이 과정에서 소련 대표 말리크(Yakov A. Malik)가 불참하는 바람에 미국이 제안한 결의안이 소련의 거부권으로 무산되지 않고 약간의 수정만으로 채택될 수 있었다.

이어 6월 27일에는 북한이 침략 중단과 군대 철수를 요구한 6월 26일의 유엔 결의를 무시하고 있기 때문에 실효성 있는 추가 조치가 필요하다는 보고서가 유엔에 제출되었다. 그러자 미국은 6월 26일의 결의안을 국제적으로 인정받음과 동시에, 다른 회원국들에게도 북한의 남침을 격퇴하는 데 필요한 원조를 촉구하는 결의안을 유엔 안전보장이사회에 상정했다. 이 결의안이 6월 28일 13시 45분 통과되었다.

이 결의에 따라 미국은 6월 29~30일 사이에, 이전까지 38선 이남에만 허용해 왔던 미 해·공군의 작전 지역을 한반도 전역으로 확대했다. 그리고 이 결의안을 근거로 유엔 16개 회원국이 대한민국을 돕기 위한 병력 파견에 나섰다.

이와 같이 적극적으로 개입하면서 미국은 상당한 희생을 감수했다. 이 조치로 인하여 미국은 엄청난 전쟁 비용을 사용해야 하는 처지가 된 것이다. 뿐만 아니라 미국의 체제에서 상당히 꺼리는 인명 피해도 과감하게 치렀다.

대표적인 사례가 스미스 특수임무 부대(Smith Task Force)의 투입이다. 시급했던 상황에 따라 주일 미군 중 규슈(九州)에 주둔해 있던 미 제24사단은 지연 임무를 수행할 대대 규모의 부대 편성을 명령받았다. 이 부대가 스미스 특수임무 부대다. 이들은 7월 1일 08시 45분 부산에 도착해, 7월 5일 오산 부근의 전투에 투입되었다. 이 부대가 부산에 도착한 다음날인 7월 2일, 중장비를 갖춘 후속 부대가 부산에 도착했다. 그렇지만 스미스 부대는 곧 도착할 중장비를 기다리지 않고 열악한 장비만 가진 채 전투에 투입되었다. 이 바람에 첫 전투에서 상당한 희생을 치렀다. 희생을 꺼리는 미국의 성향을 감안하면, 한반도를 사수하려는 미국의 결의가 얼마

나 확고했는지 보여 준다고 하겠다.

그렇지만 미국의 적극적인 개입에도 불구하고 초반에는 북한의 기세가 꺾이지 않았다. 한강 방어선이 무너진 이후, 미군은 국군의 전력을 재편하여 활용할 필요를 느꼈다. 여기에 미국 이외의 유엔 회원국이 보낼 소수의 병력을 체계적으로 지휘할 구심점이 필요했다. 그래서 제기된 것이 유엔군 사령부의 창설이다.

처음에는 미국이 유엔군을 지휘하더라도 유엔의 한국지원협조위원회가 현지 지휘관의 보고를 받는 형태였지만, 이런 지휘체계는 곤란한 문제를 야기한다는 미국 측의 반대에 부딪혔다. 미국 합동참보본부는 "미국이 유엔을 대신하여 한국에서의 작전을 지휘하고, 현지 사령관이 유엔의 직접적인 통제를 받지 않으며, 정치적인 결정은 작전사령관이 아니라 미국 정부가 하는" 방식을 결의안으로 작성해서 제출했다. 이 결의안을 영국과 프랑스가 제안하는 형태로 통과시켜 유엔군의 통합군사령부가 생겨났다.

그런데 당시 한국에 투입되었던 부대의 주력은 미 극동군이었고, 그렇다 보니 미 극동군 사령관인 맥아더가 유엔군 사령관을 겸하는 형태가 될 수밖에 없었다. 유엔군의 주요 지휘관들도 미 극동군 사령부의 참모진이 그대로 들어오는 형태였다. 7월 8일 유엔군 사령관에 임명된 맥아더는, 일단 미 극동군 사령부를 통해 지휘하다가 7월 24일에 정식으로 유엔군 사령부(UNC, United Nations Command)를 설치하였다.

군	국가별 참전 상황
육 군	미국 제24사단(제19, 21, 34연대), 제25사단(제24, 27, 35연대), 제1기병사단(제5, 7, 8연대)
해 군	미국(1개 함대 및 지원함대) 영국(항공모함 1척, 구축함 2척, 소형함 3척), 호주(구축함 1척, 소형함 2척), 프랑스(소형함 1척), 네덜란드(구축함 1척), 캐나다(구축함 3척), 뉴질랜드(소형함 1척)
공 군	미국(1개 전술항공비행단, 2개 전폭비행단, 1개 비행수송부대), 영국(1개 전투비행대대, 1개 비행수송중대), 캐나다(1개 비행수송대대). 호주(1개 전투비행대대, 1개 비행수송중대)

[표 3] 유엔군의 참전 상황

이러면서 대한민국 국군 역시 유엔군 사령부의 통제를 받게 되었다. 국군 역시 애초부터 북한군을 상대하기에는 부족한 전력이었던 데다가, 이마저 초전에 많은 부분을 잃어버렸던 상태였기 때문에 미국 측의 요구를 마다할 입장이 아니었다.

지연작전을 펴며 낙동강까지

서울을 빼앗긴 국군은 한강에서 북한군의 남진을 저지하려 하였으나, 이미 국군의 전력은 붕괴 상태였다. 여기에 병력과 보급품 수송을 위한 교통 통제까지 제대로 하지 못하여 결국 방어에 실패했다. 그러나 곧 미군이 투입되면서 북한군의 진격 저지에 나섰다. 미국이 개입한 덕분에, 제공권은 유엔군과 국군 측으로 넘어왔다. 이 덕분에 낮에는 북한군이 움직이기 어렵게 만들었다. 그와 함께 미군과 국군 사이의 혼선을 방지하기 위한 역할 분담이 필요해졌다. 그래서 미군과 국군은 서울－부산 국도를 기준으로 방어선을 분담했다. 경부 국도 서쪽의 전선을 미군이, 동쪽 전선을 국군이 분담하기로 한 것이다.

미군 투입으로 인하여 여러 이점이 생겼음에도 불구하고, 초반에는 북한군의 진격을 저지하기 어려웠다. 그 결과 미군과 국군은 후퇴하면서 방어선을 바꾸었다. 7월 12일 경 서부 전선의 미군은 금강을 방어선으로, 중동부 전선의 국군은 소백산을 중심으로 방어선을 형성하여 북한군의 남진을 저지하려 했던 것이다.

소백산맥은 한반도 중부 지역을 가로막고 있는 백두대간의 줄기이다. 이 백두대간의 줄기는 역사적으로 한반도의 동서를 가르는 천연의 장애물 역할을 해왔다. 금강 역시 강폭이 500~1,000미터, 평균 수심이 2.5미터여서 다리 없이 전차가 건너올 수 없는 장애물 역할을 할 수 있었다. 유엔군과 국군은 이러한 천연 장애물에 의지하여 북한군의 남진을 저지하려 했다. 대전 전투에는 미국이 개발한 최신형 3.5인치 로켓포가 지급되면서, 보병도 북한이 가진 T-34 전차를 파괴할 수 있게 되었다.

그렇지만 금강-소백산 방면에서는, 미군의 증원군 전부가 도착하지 않은 상태였기 때문에 북한군을 저지하기 어려웠다. 금강 방어선이 뚫리자, 맥아더는 상륙작전을 감행하기 위해 남겨 두었던 미 제1기병사단을 투입했다. 미 제1기병사단의 활약으로 북한군에 많은 피해를 주며 진격을 지연시키는 데까지는 성과를 거두었으나, 진격을 완전히 저지하는 상황은 아니었다.

그 결과 낙동강을 경계로 경상남북도 지역을 제외한 대부분의 지역이 북한의 손에 들어갔다. 더 이상 물러날 공간이 없었기 때문에, 유엔군 측의 전략도 증원군이 도착할 때까지 북한군의 진격을 저지시키는 데에서 마지막 거점을 사수하는 것으로 바뀌었다. 그리고 낙동강 전선을 최후의 교두보로 삼아, 증원군의 상황 등을 고려하여 총 반격을 실시할 계획이었다. 이러한 전략에 따라 미 제8군 사령관은 8월 1일 모

(출처: 『한국전쟁』, 국방군사연구소)

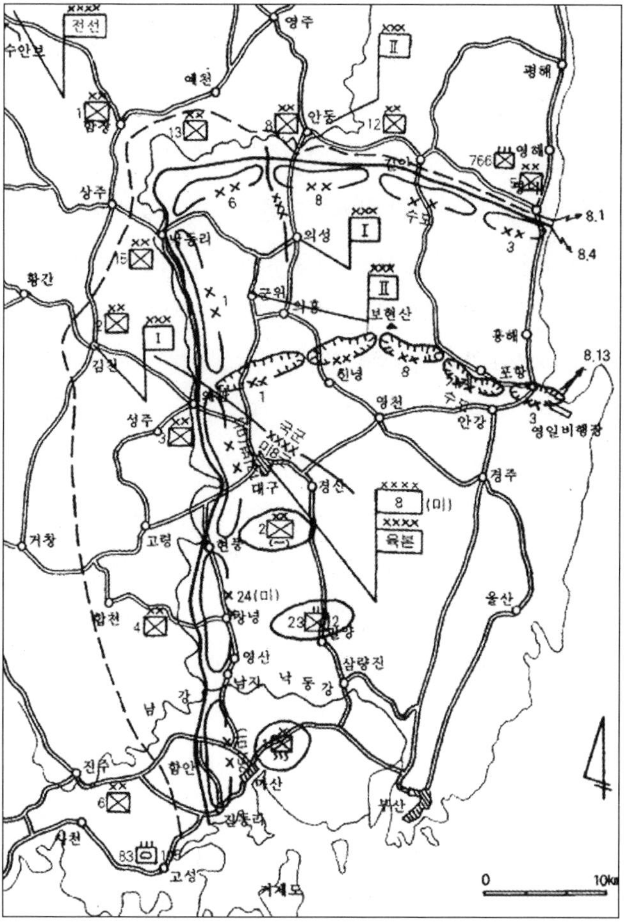

낙동강 방어선

든 부대에 낙동강을 넘어 철수하라는 명령을 내렸다.

낙동강 방어선은 강폭이 400~800미터이고 평균 수심이 1~1.5미터 정도인 강과, 낙동강과 남강 합류 지점에서 남해안까지 뻗어 있는 산악 지대로 이루어져 있었다. 이렇게 강과 산으로 이루어진 천연 장애물을 이용하여 북한군의 공세를 막아 내겠다는 계획이었다. 또한 부산을 중심으로 방어선의 주요 거점인 마산, 왜관, 의성 등까지 도로망이 잘 발달되어 있는 점도 유엔군 측에 이점으로 작용했다. 미군의 기동력과 화력이 국군에 비해 훨씬 우위에 있다는 점과 방어선의 지형을 감안하여 낙동강 가의 개활지는 미군이, 산악 지대는 국군이 방어하도록 역할 분담이 이루어졌다.

낙동강 방어선을 짜면서, 미 제8군 사령관은 "한국에서의 철수는 없다"고 공언했다. 그렇지만 8월 초, 맥아더는 만일에 대비하여 부산 주변의 해안 거점에 대한 방어선도 준비하라는 명령을 내렸다. 이것이 이른바 "데이비드슨 라인(Davidson Line)"이다. 이 방어선은 낙동강 방어선이 무너질 경우, 한국에서 미국인을 피신시키기 위하여 최소한의 거점을 확보하려는 목적에서 만들어진 것이다. 따라서 이 방어선으로의 후퇴는 곧 한국을 포기한다는 뜻이 된다.

한국을 포기하지 않기 위하여, 8월 4일까지는 피난민의 희생을 감수하면서까지 낙동강을 건너는 모든 교량을 폭파하며 방어에 총력을 기울였다. 이후 낙동강을 중심으로 치열한 공방전이 벌어졌다.

그러나 북한군 부대들이 남쪽으로 내려오면서, 보급선도 길어져 병력과 장비 보충이 어려워졌기 때문에 북한군의 전력은 소진되어 갔다. 더욱이 북한 측은 제공권을 빼앗긴 낮에 움직이기 어려워 작전에 심각한 제약까지 받았다.

이때 맥아더는 인천에 상륙하겠다는 작전을 추진 중이었기 때문에, 낙동강 전선에 배치된 유엔군도 이에 발맞추어 반격하는 전략을 구상하게 되었다. 이런 구상에 따라 미 제8군 사령관 워커(Harris W. Walker) 장군은 수세에 몰리고 있는 와중에도, 기회가 생기면 제한된 전선에서 반격을 가하도록 명령을 내렸다.

낙동강에 방어선을 구축할 때인 8월 4일만 하더라도, 낙동강 전선에 배치된 유엔군과 국군이 북한군에 비해 우위를 차지하고 있다는 확신이 없었다. 8월 초·중순 북한군의 공세로 한때 대구가 위협을 받았고, 낙동강 전선도 돌파당할 위기에 몰리기도 했다.

그러나 8월 16일 개전 이래 최대 규모의 융단폭격이 감행된 다음, 북한 측은 유엔군의 공중지원으로 인한 피해가 축적되며 이를 더욱 두려워하게 되었다. 지상에서도 북한군의 이른바 '8월 공세'는 낙동강 전선의 요충지 다부동 돌파가 여러 차례의 격전 끝에 좌절되며 실패로 돌아갔다.

8월 공세가 8월 20일 경부터 소강 상태로 들어가자, 북한군은 8월 말까지 전력을 재정비한 뒤, 이른바 '9월 공세'를 준비했다. 그렇지만 북한군의 전력은 심각하게 소진되어 있었다. 각 사단의 병력이 정원을 채우지 못하고 5,000명에서 1만 명까지 일정하지 않았다. 보급 역시 악화되어, 소총과 탄약마저 부족해지며 사기가 심각하게 떨어졌다.

이에 비해 유엔군 측의 전력은, 미군을 중심으로 7월 말에서 8월 중에 크게 증강되어 있었다. 그 결과 9월 초에는 북한에 비해 훨씬 우월한 병력을 보유하게 되었다. 지상군 전력의 핵심인 전차 역시 8월 중에 크게 보강되었고, 9월 초에는 500대를 보유하게 되어 100대 정도에 그친 북한군에 비해 5배의 숫자를 확보했다.

그럼에도 불구하고 가동할 수 있는 병력을 총동원한 북한군의 이른바 '9월 공세'가 개시되고 난 후인 9월 4일, 유엔군의 입장에서는 전황이 심각하게 악화되었다. 유엔군 사령부에서는 상륙작전을 앞두고 현재의 전선이 유지될 수 있을지 매우 근심스러워 하며 검토하고 있었다. 그래서 미 제8군에서는 한국에서의 완전 철수를 전제로 계획해 두었던 최후 방어선 '데이비드슨 라인'으로의 철수까지 검토했다. 여기까지 후퇴한 다음에도 반격을 노릴 수 있다는 주장도 있었지만, 심각한 위기였음은 분명하다.

인천에 상륙할 부대를 편성하기 위하여 병력을 차출하다 보니, 전체 전력에서는 우위를 차지했지만 낙동강 전선을 방어해야 할 병력이 부족해지는 사태를 초래했기 때문이다. 상륙 부대의 규모는 총 7만여 명으로, 무기와 장비의 우위를 감안하면 전력이 소진되어 가는 북한군 전체의 전력과 비교해도 모자람이 없는 수준이었다.

그렇지만 심각한 전력 손실을 감수하면서 강행된 북한군의 9월 공세도 한계가 드러났다. 결국 9월 중순으로 들어서면서, 이 공세 역시 실패로 돌아갔다.

(9월 초, 괄호 안은 지원 병력 포함)

국 군	5만 7,000(9만 1,700)명
유엔군	6만 7,800(8만 7,600)명
북한군	약 9만 8,000(?)명

[표 4] 낙동강 전선에서 유엔군과 북한군의 전력 비교표

역전

인천상륙작전

낙동강 전선에서 치열한 전투가 벌어지던 중, 맥아더는 구상해 왔던 인천상륙작전을 실행에 옮기려 했다. 사실 그는 전쟁 초기부터 인천에 상륙하는 작전에 집착하고 있었다. 전쟁이 일어난 지 채 일주일도 되지 않았던 7월 첫 주에, 맥아더는 그의 참모장 아몬드(Edward M. Almond) 소장에게 "서울의 적 병참선 중심부를 타격하기 위한 상륙작전을 연구하라"는 지시를 하달했다.

이 작전은 계획뿐 아니라 투입할 병력까지 준비했지만,

실시되지는 않았다. 국군의 전열이 무너지면서 먼저 투입된 미군만으로는 적의 남진을 저지하지 못할 정도로 전황이 악화되어, 상륙작전에 투입하려던 부대를 현 전선 사수에 투입할 수밖에 없었기 때문이다.

그렇지만 맥아더는 상륙작전을 포기하지 않았다. 8월 초 북한군의 공세로 낙동강 전선이 붕괴 위기에 처하자, 상륙작전의 실행은 어려워졌다. 하지만 그런데도 맥아더는 미 제1해병사단이 투입될 수 있다는 통보를 받자, 여기에 일본에 남아 있던 마지막 부대인 미 제7보병사단을 더하여 상륙작전의 실행을 밀어붙였다.

인천상륙작전을 위해 만들어진 부대가 미 제10군단이다. 이 부대에는 미 제1해병사단과 미 제7보병사단에, 국군 해병 제1연대와 국군 보병 제17연대가 추가되었다. 여기에 지원 부대로 미 제2특수공병 여단이 배속되어 왔다. 이 부대의 지휘관에는 자신의 참모 출신인 아몬드 소장을 임명하였다.

맥아더의 의도를 눈치 챈 합동참모본부는 반대하고 나섰다. 상륙작전 자체는 몰라도, 하필 인천에 상륙은 곤란하다는 논리였다. 그만큼 인천이라는 지역이 상륙작전에는 최악의 조건을 두루 갖추고 있었던 것이다. 또 인천이 부산과 너무 멀어, 상륙부대와 낙동강 전선의 부대가 서로 협력하기 어렵다는 등의 문제점까지 안고 있었다.

그렇기 때문에 상륙부대를 편성하는 것부터 무리를 낳았다. 상륙부대의 규모는 총 7만여 명이었다. 무기와 장비의 우위를 감안하면 전력이 소진되어 가는 북한군 전체의 전력과 비교해도 모자람이 없는 수준이었던 것이다. 이 정도 규모의 병력이 상륙부대로 편성되어 바다로 나가 있는 동안 낙동강 방어선은 악영향을 받았다. 미군은 제1 임시해병여단을 낙동강 전선에서 빼내 상륙작전에 투입하려고 출항준비를 시키다가, 전선이 돌파당할 위기를 맞이하여 다시 낙동강 전선에 투입하는 사태를 초래하기도 했다.

8월 초만 하더라도 북한군은 이미 낙동강 전선에서 병력 우세를 잃고 있었다. 이는 상륙작전에 투입된 미 제10군단을 전력에서 제외한 계산이다. 또한 무기와 장비의 우세는 물론 제공권, 제해권까지 모두 유엔군 측이 가지고 있었으니 북한군의 상황은 더욱 열악했다고 보아야 한다.

그런데도 맥아더는 북한군의 공세가 잠시 주춤해진 8월 23일 오후에 열린 브리핑에서 인천상륙작전을 주장했다. 미 군부의 여러 요인들이 반대 의견을 내며 맥아더를 설득하려 노력했지만, 맥아더의 고집을 꺾지 못했다. 미 합동참모본부도 결국 8월 28일 맥아더의 계획을 승인해 주었다.

미 합동참모본부로부터 승인을 얻은 맥아더는 8월 30일에 상륙작전 명령을 내리면서, 9월 15일을 작전 개시일로 잡고 실행에 옮겼다. 그렇지만 이 작전이 강행되었기 때문에, 북한군의 9월 공세로 유엔군이 한국을 포기하는 방어선까지 후퇴를 고려할 정도로 위기에 몰렸던 것이다.

이런 위기를 감수할 명분으로는 "적이 예상하지 못하는 인천에 상륙하는 기습"을 노리겠다는 것이었지만, 이 작전은 널리 알려진 것처럼 기습작전이었다고도 할 수 없다. 1950년 8월 29일 인천 지역 북한군 부대에게 전달된 명령을 보면, "상륙이 예상되니 방어하라"는 내용이 나타난다. 북한 측에서는 이미 2주 전부터 유엔군의 작전을 간파하고 있었던 것이다. 사실 인천상륙작전 정도 되는 규모의 작전을 펴면서 기밀이 유지되기를 바라기는 어려웠다. 이 점을 감안하면 굳이 인천상륙작전에 대해 "최악의 장소를 골라 상륙해 적의 허를 찔렀다"는 말이 무색해진다.

그렇기 때문에 합동참모본부는 맥아더의 태도에 불안을 느끼고 있었다. 자칫하면 막대한 병력이 전선에 배치되지도 못하고 부산이 함락될 가능성도 생각해야 했는데도, 맥아더가 인천상륙작전에만 신경을 쓰고 있었던 것이다. 유엔군이 데이비드슨 라인으로의 철수를 검토한다는 소식을 들은 미 합동참모본부는 맥아더에게 인천상륙작전이 잘못될 경우 재앙을 맞이할 것이라는 경고를 보내기까지 했다.

그렇지만 맥아더는 8월 30일, 인천상륙작전 명령을 내리고도 명령서의 사본을 즉각 합동참모본부에 보내지 않았다. 심지어 합동참모본부가 8월 28일에 보낸 메시지에 답도 주지 않았다. 그러고도 맥아더는 작전명령을 휴대한 전령인 스미스(Lynn D. Smith) 중령에게 "너무 빨리 도착하지 말라"는 언질을 주었다고 한다. 그 말을 충실히 따른 스미스 중령은 9월 13일 23시에 워싱턴에 도착하여, 다음날 11시에 합동참모본부에 나타났다.

작전 개시 시간을 의미하는 H-hour는 극동 시간으로 9월 15일 06:30분, 워싱턴 시간으로 9월 14일 17:30에 맞춰져 있었다. 즉 미 합동참모본부는 첫 부대가 해변을 공격하기 불과 몇 시간 전에야 맥아더가 내린 명령의 구체적인 세부사항을 알게 된 셈이다. 미 합동참모본부가 맥아더의 작전명령을 알고 취소 명령을 내리려 하더라도, 시간적으로 불가능하게 만들어 놓은 것이다.

그렇지만 여러 문제점에도 불구하고 인천상륙작전은 성공을 거두었다. 사실 맥아더가 인천상륙작전에 확신을 가진 원인은 따로 있었다. 미 제10군단의 정보 판단에 의하면 북한군은 거의 모든 전력을 낙동강 전선에 투입하느라, 서울을 비롯한 후방 지역에는 경비부대와 신병들 정도밖에 남아 있지 않았다. 그만큼 전력이 바닥 나 있었던 것이다.

상륙작전이 개시될 즈음 인천 지역의 북한군 병력은

2,000명에 불과했다고 한다. 서울 지역의 병력까지 모두 합쳐 봐야 1만 명 정도였다. 미 극동군사령부는 북한 해군 역시 인천상륙작전을 방해할 역량이 없다고 판단하고 있었다.

그래도 상륙 지점이 인천이라는 사실을 숨기기 위해, 객관적으로 가장 타당한 상륙 지점인 군산에 9월 12일 밤 한국, 미국, 영국 혼성부대가 양동작전을 감행했다. 영덕 남쪽 장사동에는 독립유격 1개 대대 병력의 학도병이 9월 15일 실제로 상륙했다. 물론 이들은 태풍 때문에 상륙용 주정이 좌초되면서 작전이 노출되어 많은 희생을 치렀다.

여러 노력 덕분에 9월 15일에 강행된 인천상륙작전은 성공리에 끝났다. 인천 해안에 교두보를 확보한 유엔군은 다음 날부터 한강을 향한 진격에 나섰다. 유엔군은 9월 18일 김포 비행장을 확보하고 9월 28일 서울을 완전히 수복했다. 이 과정에서 북한군은 동원 가능한 모든 병력을 긁어모아 서울 지역 방어에 투입했으나, 역부족이었다. 9월 29일에는 부산으로 피신했던 대한민국 정부가 서울로 돌아왔다.

이 작전이 성공한 결과, 상륙부대는 서울 방면으로 진출하면서 낙동강 전선에 묶여 있던 북한군과 후방 부대와의 연결을 끊었다. 이 작전이 수행되던 기간 동안 공산군 포로는 1만 2,500명에 달하였고, 나머지 병력은 지리산 등으로 숨어들어 이른바 '빨치산' 활동을 벌였다.

낙동강 전선에서도 인천 상륙 다음날인 9월 16일부터 반격에 나섰다. 미 제8군 사령부는 북한군 일부 병력이 서울 방어를 위해 빠져 나가더라도 당분간 낙동강 방어선을 지킬 수 있을 것으로 판단했다고 하나, 정작 북한군의 사정은 그렇지 않았다. 낙동강에서 유엔군의 반격이 개시될 때 즈음 북한군의 병력은 7만 명 정도에 불과했으며, 그것도 상당 부분이 남한 지역에서 보충한 신병이었다. 더구나 이들에 대한 보급 사정이 좋지 않아, 많은 병사들이 영양실조 상태였다.

그럼에도 불구하고 처음에는 낙동강 전선에서의 반격이 순조롭지 않았다. 그렇지만 낙동강 전선의 병력이 인천에 상륙한 병력을 막기 위해 서울 쪽으로 빠져 나가면서 북한군의 저항이 약화되었다. 덕분에 유엔군의 반격이 순조롭게 이루어져, 반격 개시 후 1주일 만에 적 방어선을 돌파했다.

김일성은 9월 23일, 북한군에 총 퇴각 명령을 내렸다. 진격에 탄력이 붙은 유엔군은 9월 26일 서울에 돌입해서, 시가전 끝에 9월 28일에는 완전히 서울을 탈환했다. 9월 27일에는 낙동강을 돌파한 미 제8군이 오산 부근에서 상륙 부대와 만났고, 9월 30일에는 일부 부대가 38선까지 도달했다.

38선 돌파와 북진

수도 서울을 탈환한 이후 시급하게 결정해야 할 과제는 38선에서 진격을 멈추고 전쟁을 끝내느냐, 북진해서 통일을 이루느냐의 선택이었다. 사실 미국과 대한민국 정부가 이에 대하여 의식하기 시작한 시기는 북한군의 진격을 지연시키는 데 주력하고 있던 7월 중순부터였다.

원래 미 행정부는 "북한의 무력 공격을 격퇴하고, 국제 평화와 한반도에서의 안전 보장을 회복"한다는 1950년 7월 7일의 유엔 안전보장이사회 결의에 따라 전쟁 이전의 상태를 회복하는 선에서 마무리 짓는 방향을 제시했다. 그렇지만 7월 중순, 트루먼 대통령은 미 국가안전보장회의에 "북한군이 38선 이북으로 격퇴된 이후의 정책을 검토하라"는 지시를 내렸다. 이를 간파한 이승만 대통령은 미국의 목표가 전쟁 전의 상황 회복에 두어질 것을 우려해, "북한 정권이 먼저 남침을 한 이상, 그들이 무시한 38선을 유지하는 데 집착할 이유가 없다"는 논리를 펴며 38선 돌파를 주장했다.

이후 유엔군 진영에서는 이에 대한 찬반 논쟁이 벌어졌다. 38선 돌파를 찬성하는 입장은 "38선 회복으로 전쟁을 끝내면, 북한이 전력을 정비한 다음 다시 침략해 올 수 있다. 그러면 유엔군은 기약도 없이 주둔해야 한다. 또 해·공군이 북한 지역을 공략하고 있는데 지상군에게만 제한을 둘 필요 없다"는 논리를 제시했다. 반대 측의 주요 논지는 "38선을 넘어 북진하면 소련이나 중국이 개입해서 제3차 세계대전으로 번질 수 있다"는 우려였다.

그러나 전황이 유리해지자 미국의 입장도 바뀌어갔다. 8월 17일 유엔 주재 미국대사는 "한반도에서의 평화 파괴 행위를 끝내자는 목표를 달성하기 위해서는, 또 다른 침략을 할 기회를 주어서는 안 된다"라든가 "북한 정권 때문에 좌절된, 한반도에서의 자유선거가 아직도 유효하다"는 취지의 연설을 했다. 트루먼 대통령의 9월 1일 발표에도, "한국인은 자유·독립을 누리며 통일할 권리가 있다"는 내용이 있었다.

9월 20일 제5차 유엔총회 기조 연설에서도 애치슨이, "유엔군이 38선 이북으로 진격해야 한다고 본다. 그렇게 해서 한반도에 통일 독립 정부를 수립하는 것이 유엔 정신을 구현하는 것이다"라고 했다. 이것이 미국의 공식 입장이 되었고, 유엔군 진영의 정책도 38선을 돌파하는 방향으로 기울었다.

이러한 움직임에 대해 공산 진영에서는 민감한 반응을 보였다. 9월 21일, 소련 외상 안드레이 비신스키(Andrei Y. Vyshinskii)가 38선에서 전쟁을 끝내자는 평화 제안을 하며 선수를 쳤다.

중국은 소련보다 더 강경한 입장이었다. 8월 20일, 중국

외상 저우언라이(周恩來)는 유엔 사무총장이었던 리(T. Lie)에게 전보를 보내 "조선 문제의 해결에 깊은 관심을 가지고 있다"고 하였으며, 10월 2일에는 유엔 주재 인도대사를 통해 "국군은 몰라도, 만약 유엔군이 38선을 넘어서 북진하면 중국이 개입할 것"이라는 입장을 미국에 전달하도록 하였다.

그렇지만 미국 측은 이러한 중국 측의 발언을, 유엔의 새로운 결의를 막기 위한 압력 정도로만 여겼다. 사실 미국 정부는 애치슨의 연설이 있기 전인 9월 11일에 북진을 감행하겠다는 정책안을 냈다. 이 내용은 국무성, 국방성, 합동참모본부의 의견수렴 과정을 거쳐 트루먼 대통령의 재가를 받았다. 이는 유엔군의 군사작전 정책으로 확정되었다.

주요 내용은 "38선 이북에서 군사작전을 전개할 수 있도록 허용하되, 소련·중국과의 충돌은 피하라"는 것이었다. 여기에 자세한 부분에 대한 지침까지 작성하여 9월 27일에 다시 트루먼 대통령의 재가를 받아, 38선 돌파 이후의 군사작전 지침이 확정되었다. 이것이 이후 파란의 핵심이 된 이른바 '9·27 훈령'이다.

이 훈령에서는 유엔군의 38선 돌파를 허용하되, 작전의 목표를 북한군 격멸이라는 군사 목표로 한계를 정해 놓았다. 전쟁이 소련이나 중국과의 충돌로 번지는 것을 막기 위해 엄격한 제한을 두었던 것이다. 이를 위해 서해안 선천에서

동해안 성진에 이르는 선 북쪽으로는 유엔군이 넘어갈 수 없도록 해놓았다. 이 선 북쪽으로는 국군만이 작전을 벌일 수 있었다. 공군이 소련이나 중국과의 국경 지역을 폭격하는 것마저도 엄격히 금지되었다.

미국 등 강대국의 입장과 상관없이, 이승만 정부는 통일을 달성하기 위한 기회를 놓치고 싶어 하지 않았다. 국군은 유엔과 미국의 승인 없이 10월 1일에 이미 38선을 넘어 북진하고 있었다. 뒤늦게 유엔과 미국의 승인을 받기는 했지만, 그 과정에서 논란이 일어났다.

이때 맥아더가 이승만 정부의 노선을 지원하는 데 나섰다. 북진을 허용하면서 미국 측이 가장 걱정했던 문제는 소련이나 중국의 개입으로 전쟁이 확대되는 것이었다. 미 대통령이었던 트루먼도 이 문제에 대해 고심 끝에 맥아더에게 자문을 구했다. 이때 맥아더는 "소련이나 중국이 개입하지는 않을 것이라 확신한다"고 장담했다. 트루먼 대통령은 이 자문에 따라 북진을 허용했다.

이러한 흐름에 따라 미국의 주도로 유엔에서는 1950년 10월 7일 새로운 결의안을 채택했다. 다음은 그 내용에 대한 요약이다.

① 한반도의 안정을 확보하기 위하여 필요한 모든 조치를 취한다.

② 한국의 통일·독립·민주 정부를 수립하기 위하여 남북한 대표 단체의 협력을 얻어 유엔 주관 아래 선거를 실시한다.

③ 이러한 목적을 달성하기 위해 필요하다면 유엔군의 행동은 한반도의 어느 부분에도 구애받지 않는다.

④ 유엔 한국위원회(1949.10.20 설치)의 임무를 계승하기 위해 7개국으로 구성된 유엔 한국통일부흥위원회(UNCURK, UN Commission for the Unification and Rehabilitation of Korea)를 설치·운영한다.

이로써 유엔군이 38선을 넘어서 진격하는 것은 허락되었고, 이 날짜로 유엔군의 북진도 본격적으로 진행되었다.

맥아더의 북진작전

38선을 돌파하여 북진하는 문제가 이와 같이 진행되는 동안, 맥아더는 10월 1일 유엔군 사령관 자격으로 인민군 총사령관에게, "더 이상의 피해를 막기 위해 항복할 것"을 권고했다. 그러나 김일성은 이를 묵살했다.

북한 측에서는 38선에서 유엔군의 북진을 저지한다는 계획을 세워 놓고 있었다. 그렇지만 이때 북한군은 2만 5,000명에서 3만 명 정도가 38선 넘어 북쪽으로 후퇴할 수 있었고, 3만 명 정도는 지리산과 소백산맥, 태백산맥에 잠입하여 유격전을 벌이거나 북한 지역으로 넘어가려 하고 있는 중이었다. 이런 규모의 병력조차 보급이 끊어진 채로 대부분이 전의를 상실한 상태였다. 따라서 국군과 유엔군의 북진을 막을 수 있는 상황이 아니었다. 물론 유격전을 벌이는 북한군 패잔병을 소탕하기 위해 적지 않은 병력이 투입되어야 했다. 이 점이 이후 북진에 악영향을 주는 요소가 되었다.

이러한 상황 전개 속에서 국군과 유엔군이 38선을 돌파한 후, 맥아더가 세운 전략의 개요는 이랬다. 미 제8군은 서울에서 평양 방면인 북서 방향으로 진격하며, 미 제10군단은 원산에 상륙한 다음 서쪽으로 진격해서 미 제8군과 합류한다. 이후 국군과 유엔군은 정주에서 영원을 경유, 흥남에 이르는 가장 좁은 전선(戰線)으로 설정된 목표선까지 진격한다. 그 이북으로는 국군의 진격만이 허용된다.

국군과 유엔군의 북진은 순조롭게 이루어졌다. 10월 10일에는 동부 전선의 요충지 원산을 점령하고, 10월 19일에는 북한의 수도 평양을 점령했다. 김일성 정권은 평양을 포기한 후, 수도를 신의주로 옮겼다가 다시 강계로 옮겨갔다. 이와 같이 국군과 유엔군의 북진이 순조롭게 진행되면서 맥아더가 세운 전략의 문제점이 드러났다.

당초 계획은 미 제8군 주력이 38선을 돌파한 후, 1주일 내에 미 제10군단이 원산에 상륙하여 점령·확보하는 것이었다. 전선이 북상함에 따라 부산항의 보급 기능이 약화되고, 인천항은 여러 가지 제한이 있어서 국군 및 유엔군 전 부대에 원활한 보급을 제공하기 위해서는 동부 전선에 원산항이 필요했기 때문이다. 그래서 2개 사단이나 되는 유엔군 병력을 이 작전에 투입했던 것이다.

그런데 이 전략은 전체 작전에 얻는 것 없는 부담만 주고 끝이 났다. 서부 전선을 담당하고 있던 미 제8군이 10월 20일에는 평양에 진입했다. 동부 전선에서도 미 제10군단이 원산 상륙을 위해 배에 타기도 전인 10월 10일, 국군 제1군단이 원산을 점령해 버린 것이다. 이것만으로도 원산에 미군이 상륙할 의미는 없어졌다.

그런데도 미 제10군단 소속 미 제1기병사단은 10월 16일 인천에서, 미 제7사단은 10월 19일 부산에서 배에 타 항해를 시작했다. 이렇게 상륙작전을 강행하고도 원산항에 부설된 기뢰 때문에 상륙 자체는 더 늦어졌다. 국군이 원산을 점령하고도 한참 지난 이후인 10월 25일부터 겨우 상륙이 시작되어 다음날에야 본격적인 상륙이 된 것이다.

그 악영향이 상당히 심각했다. 2개 사단이라는 병력이 상당한 기간 동안 아무 도움도 되지 않게 움직였다는 점 이상의 악영향이 있었다. 원산항을 확보하려 했던 이유는 보급선 확보 때문이었다. 그런데 원산항을 상륙작전으로 확보한다면서 인천에서 미 제10군단 병력을 배에 태우는 바람에, 정작 북진하는 미 제8군을 위한 보급품 하역이 뒷전으로 밀려나 버린 것이다. 덕분에 부산으로부터 보급품이 수송될 수 있도록 경부선 철도와 국도를 급히 복구해야 했다. 결국 국도는 9월 말, 철도는 10월 10일에야 복구를 끝낼 수 있었다. 이 때문에 미 제8군의 공격 개시 시기가 늦춰져 버렸다. 이런 사태를 감수해 가면서까지 맥아더는 상륙작전에 집착했던 것이다. 이는 후에 중국군이 개입하여 성공적인 작전을 수행하는 데 시간을 벌어 주는 요소가 되었다.

평양 북쪽에 공수부대를 투하하는 작전도 큰 효과를 거두지 못했다. 10월 20일에는 미군 포로를 구출하고 북한 고위층을 생포할 목적으로 공수부대가 투하되었던 것이다. 맥아더는 이 작전으로 2만 5,000명 정도의 북한군을 섬멸할 수 있을 것이라고 했으나, 전과(戰果)는 신통치 않았다. 평양 함락 훨씬 전인 10월 12일 북한 고위층은 이미 빠져 나갔으며, 북한군 주력이 철수하면서 포로도 이미 후송시켰기 때문이었다.

중국의 개입

맥아더의 고집은 또 다른 문제를 낳았다. 바로 중국의 참전과 관련된 문제였다. 중국이 유엔군의 38선 진격에 대해 경고한 것은 이미 오래 전의 일이었다. 1950년 10월 9일 베이징(北京) 방송에서는 유엔군의 38선 돌파를 허용한 10월 7일의 유엔 결의는 위법이며, 유엔군의 군사 활동은 침략 전쟁이라고 주장했다. 따라서 유엔군의 북한 진입은 중국의 안전에 대한 중대한 위협이기 때문에 이를 방관하지 않을 것이라는 경고성 발언까지 나왔다.

그럼에도 불구하고 미국 내부에서는 중국 본토가 통일된 지 1년밖에 되지 않았으며, 대만이 아직도 버티고 있는 상태이기 때문에 중국이 한국전쟁에 개입하지 않을 것이라는 시각이 대세였다.

이를 확인하고자 했던 트루먼 대통령은 1950년 10월 15일, 웨이크 섬에서 맥아더 장군과 전략회담을 가졌다. 북한 점령을 위한 전략을 확정하기 위해, 현지 사령관의 자문을 받는 자리를 마련하고자 한 것이다. 맥아더는 이 자리에서 "그 해 11월 23일인 추수감사절까지 적의 저항을 끝낼 수" 있으며, 중국은 "효과적으로 개입할 시기를 놓쳤기 때문에 참전 가능성은 거의 없다"고 단언했다.

만약 중국이 개입한다 해도 그리 큰 위협이 되지 않을 것이라는 입장이었다. 중국의 동북부 지방에 있는 30만 병력 가운데 압록강 연안에 배치되어 있는 것은 10만 내지 12만 5,000명이고, 이 중에서 기껏해야 5만 내지 6만 명만이 북한에 투입될 수 있으리라는 것이다. 더구나 중국은 공군력이 빈약하기 때문에 개입할 경우, 피해가 클 것이라는 전망이었다. 맥아더는 소련의 개입 가능성에 대해서도 부정적이었다.

맥아더의 주장을 받아들인 트루먼은 백악관으로 돌아오는 도중, 유엔군이 조만간 한반도의 평화를 회복하리라고 확신한다고 발표하였다. 그렇지만 이 시점 즈음, 중국은 이미 '의용군'이라는 명분을 내세워 한국에 병력을 투입하고 있었다.

중국은 미국이 한국전쟁에 개입하기 시작한 7월 초부터 전쟁의 추이를 깊이 분석했다. 그래서 한국전쟁이 이미 국제적으로 복잡한 분쟁의 양상을 띠기 시작했다고 결론지었다. 이러한 인식을 기반으로 마오쩌둥(毛澤東)은 미국의 참전으로 전쟁의 규모가 확대되면서 장기전으로 돌입할 수밖에 없다는 판단을 내렸다. 이러한 판단을 기반으로 군사위원회를 열어, 전략기동 예비병력인 제13병단을 동북 지방으로 이동시키라고 지시했다. 이 지역의 방어를 강화하는 동시에, 북한을 지원하기 위한 태세를 갖춘 것이다.

중국의 중앙군사위원회는 마오쩌둥의 지시에 따라 7월 7일과 10일, 두 차례에 걸쳐 국방회의를 열고 "동북 지구의 안전을 확보함과 동시에 북한을 지원"하기 위한 조치를 결정했다. 중국 중앙군사위원회는 이때의 결정을 기초로 7월 13일 "동북 변방의 보위에 관한 결정"을 내리고 제4야전군의 주력 부대인 제38군, 제39군, 제40군, 제42군을 중심으로 여기에 배속된 포병과 공병 부대까지 동북 지방으로 이동시켰다. 이로써 동북변방군이 조직된 것이다.

동북변방군은 제4야전군 제13병단 소속의 제38군, 제39군, 제40군, 제42군에 소속된 12개 보병 사단과 3개 포병사단, 1개 고사포 연대와 1개 공병 사단으로 이루어져 총병력 25만 5,000명으로 편성되었다. 이 부대들의 핵심은 7월 말까지 만주로 이동하여, 훈련 및 전투 준비에 들어갔다.

8월 하순에는 상하이(上海) 지역의 제9병단과 서북 지구의 제19병단을 교통의 요지인 진푸(津浦), 룽하이(隴海) 같은 철도 중심지로 이동시켰다. 이 지역이 동남, 동북 어느 방향으로든 이동이 쉽고, 특히 한반도로는 육상은 물론 해상으로도 이동이 가능하여 동북변방군을 지원하는 데 좋았기 때문이다.

여기까지는 만약의 사태에 대비한 정도였으나, 한국전쟁의 전황이 북한 측에 불리하게 전개되면서 이렇게 준비한 병력을 투입해야 할지 결단을 내려야 할 상황이 닥쳤다. 국군이 38선을 돌파하기 직전인 9월 29일, 김일성은 스탈린에게 소련의 개입을 요청하는 전문을 보냈다. 이 요청을 받은 스탈린은, 소련이 미국과 정면 대결을 벌일 의사가 없었으면서도 북한의 붕괴를 방치하기도 곤란한 딜레마에 처했다.

그래서 10월 1일, 그 타개책으로 마오쩌둥에게 중국의 파

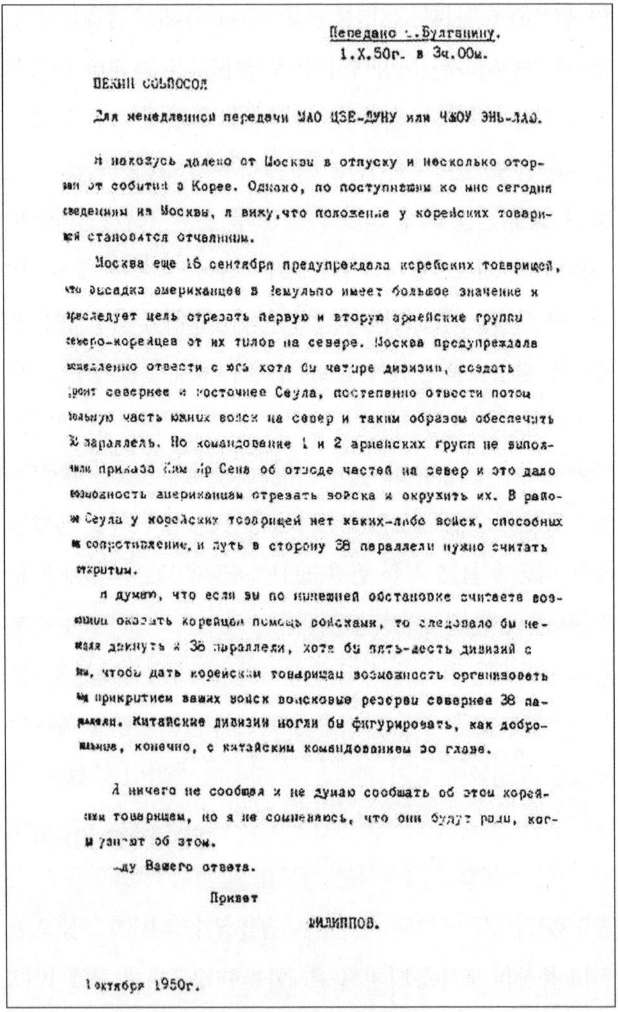

Передано т.Булганину.
1.X.50г. в 3ч.00м.

ПЕКИН СОВПОСОЛ

Для немедленной передачи МАО ЦЗЕ-ДУНУ или ЧЖОУ ЭНЬ-ЛАЮ.

Я нахожусь далеко от Москвы в отпуску и несколько оторван от событий в Корее. Однако, по поступившим ко мне сегодня сведениям из Москвы, я вижу, что положение у корейских товарищей становится отчаянным.

Москва еще 16 сентября предупреждала корейских товарищей, что высадка американцев в Чемульпо имеет большое значение и преследует цель отрезать первую и вторую армейские группы северо-корейцев от их тылов на севере. Москва предупреждала немедленно отвести с юга хотя бы четыре дивизии, создать фронт севернее и восточнее Сеула, постепенно отвести потом большую часть южных войск на север и таким образом обеспечить 38 параллель. Но командование 1 и 2 армейских групп не выполнили приказа Ким Ир Сена об отводе частей на север и это дало возможность американцам отрезать войска и окружить их. В районе Сеула у корейских товарищей нет каких-либо войск, способных к сопротивлению, и путь в сторону 38 параллели нужно считать открытым.

Я думаю, что если вы по нынешней обстановке считаете возможным оказать корейцам помощь войсками, то следовало бы немедля двинуть к 38 параллели хотя бы пять-шесть дивизий с тем, чтобы дать корейским товарищам возможность организовать под прикрытием ваших войск войсковые резервы севернее 38 параллели. Китайские дивизии могли бы фигурировать, как добровольные, конечно, с китайским командованием во главе.

Я ничего не сообщал и не думаю сообщать об этом корейским товарищам, но я не сомневаюсь, что они будут рады, когда узнают об этом.

Жду Вашего ответа.

Привет

ФИЛИППОВ.

1 октября 1950г.

스탈린의 중국군 파병 요청

병을 요청하는 전문을 보냈다. 같은 날 김일성도 외상 박헌영을 비롯한 대표단을 베이징으로 파견하며 파병을 간청했다. 그리고 이 날 김일성은 평양에 와 있던 중국 대사 등에게도 압록강 근처에 와 있던 중국 제13병단이 강을 넘어와 참전해 달라는 요청을 넣었다.

소련과 북한의 요청을 받은 마오쩌둥은 10월 2일 참전을 결정했다. 실제로 참전하기까지 소련의 지원 규모, 특히 공중 지원 문제로 난항을 겪기도 했으나, 결국은 실천에 옮겼다. 그렇지만 공중 지원을 받지 못하게 되었기 때문에 중국군 투입에 있어서 약간의 변화가 있었다. 원래는 2개 군과 1개 지원 포병을 먼저 강을 건너게 한 다음에 상황에 따라 나머지 병력을 투입할 계획이었으나, 유엔군 공군의 폭격으로 다리가 파괴될 가능성 때문에 4개 군을 한꺼번에 보내기로 한 것이다. 이와 함께 미군에 비해 무기와 장비 등 전력이 떨어지는 국군에 먼저 공격을 집중해 3~4개 사단을 섬멸시킬 계획을 세웠다.

결국 중국군은 10월 16일부터 선발대가 압록강을 건너기 시작해서, 10월 19일 4개 군의 나머지 부대도 강을 건넜다. 10월 26일에는 중국 제13병단에 소속되어 있던 제50군과 제66군까지도 압록강을 건너 한반도로 넘어왔다. 11월 초부터는 소련 공군도 비밀리에 참전했다.

재역전

중국군의 등장, 그리고 유엔군의 혼란

국군과 유엔군이 38선을 넘어 북진을 개시한 이후, 진격은 대체로 순조로웠다. 북한군은 부상자와 낙오병은 물론, 차량과 장비까지 파괴하지도 못한 채 길에 버려 두고 도망치는 상황이었다. 심지어 후퇴하는 북한군 사이로 교전도 치르지 않고 진격하거나, 1개 중대 병력으로 대대 규모의 적을 일망타진하는 일도 일어났다.

낙관 무드에 젖어 있던 미국 측에서도 군대를 줄이기 위한 조치를 취했다. 미 육군성은 한국에 투입된 미 제2사단을 다시 유럽으로 보낼 계획을 검토하고 있었다. 또한 극동군 사령부에 10월과 11월 극동으로 보낼 보충병을 취소하겠다고 알렸다. 미 제8군 사령관 워커 장군도 현재 가지고 있는 탄약으로 충분하니, 앞으로 한국으로 보내 주기로 했던 탄약을 일본에 있는 보급창고로 보내달라는 요청을 했다. 그 결과 한국으로 보낼 탄약을 실은 배들이 미국 본토나 하와이 등으로 돌아가는 일도 있었다.

수시로 너무 많은 포로가 잡히는 바람에 일일이 수용하지도 못하고, 일부 극렬분자를 제외하고는 무기만 빼앗고 돌려보내기도 했다. 너무 빠른 진격 때문에 북진하는 부대가 보급을 제대로 받지 못하는 경우도 있었지만, 북한군의 저항이 미미하다는 점을 고려하여 진격 속도를 늦추지 않았다.

그렇지만 미국 측에서 중국, 소련과의 충돌을 피하는 데에 상당한 신경을 쓰고 있기 때문에 그에 따라 유엔군의 작전도 제한될 수밖에 없었다. 미 행정부는 10월 19일, 유엔군은 서해안 선천에서 동해안 성진에 이르는 선까지만 북진할 수 있다는 지침을 정했다. 이 선 북쪽으로는 국군만이 작전을 벌일 수 있다는 뜻이다.

이런 조치가 취해진 이유는 신중을 기하려던 미 행정부 측에서 중국이나 소련의 개입 가능성을 의식하여 유엔군의 군사작전에 제약을 가했기 때문이다. 미 합동참모본부는 한술 더 떠서 1950년 10월 21일 맥아더에게, 북한과 중국 동북부 지방에 전력을 공급하고 있는 수력발전소나 함경북도의 공업도시인 나진에 대한 폭격을 금지하는 명령을 내렸다. 중국과 소련의 국경 지역이 폭격을 받아 이 나라들이 자극받는 것을 막기 위한 의도였다.

그런데 10월 24일, 맥아더는 미 제8군 사령관과 미 제10군단장에게 "휘하의 전 부대를 동원하여 최대한의 속도로 국경선까지 진격하라"는 지시를 내렸다. 이는 미 행정부의 지침을 무시하고 한국과 중국의 국경선을 향해 제한 없는 총공격을 명령한 것이다. 이 명령은 누가 먼저 압록강이나 두만강에 도달하느냐는 데에 초점을 맞추어 각 부대들 사이에 경쟁을 붙여 놓은 셈이다.

이런 상황에서 부대 사이에 협조가 이루어질 턱이 없었다. 애초부터 이러한 사태를 우려했던 미 합동참모본부는 계속 미 제8군과 제10군단의 통합 운영을 제안하였으나, 맥아더는 이를 받아들이지 않았다. 맥아더의 참모 출신으로 충실하게 그 의도를 따르는 인물이 미 제10군단장 아몬드 소장이었다.

가뜩이나 서부 전선의 미 제8군 사령관 워커 중장과 미 제10군단장 아몬드 소장 사이의 협조가 제대로 이루어지지 못하는 상황에서 이 조치는 더욱 심각한 결과를 낳았다. 이 결과 장비를 잘 갖추고 기동력이 좋은 부대들은 상태가 좋은 해안도로를 따라 신속하게 북진한 반면, 뒤따라 북진하는 부대들은 대부분 상태가 좋지 않은 내륙의 산길로 진격하는 바람에 부대들 사이의 간격이 점점 벌어지게 될 수밖에 없었다.

이 바람에 동·서 양 전선 사이에 80킬로미터가 넘는 커다란 틈이 생겼고, 이 틈을 메워 주어야 할 병력이라고는 국군 3개 사단뿐이었다. 그런데 이 국군 3개 사단은 장비나 사기면에서 미군에 비해 열세인 데다가 전선에서 돌출되어 있었다. 중국군 역시 이 약점을 노려 국군 3개 사단부터 섬멸할 계획을 세워 놓았다.

그리고 이런 위험은 곧 현실로 다가왔다. 10월 25일 회목동에 도착한 국군 제7연대 소속 제1대대는 진격하는 도중 생포한 포로로부터, 1개 사단 규모의 중국군이 동림산 일대에 대기하고 있다는 첩보를 입수한 것이다. 중국군의 등장에 충격을 받은 연대장이 사단에 보고했지만, "중국군이 있더라도 심각하게 의식할 존재가 아니니 예정대로 진격하라"는 명령을 받았다.

이 명령에 따라 국군 제7연대가 소속되어 있는 제6사단은 압록강을 향해 진격을 계속하여 10월 26일 14시 15분 압록강에 도달했다. 이 소식이 무전을 타고 알려지면서, 대한민국 중심의 통일을 이룰 수 있다는 희망에 들뜨게 되었다.

그런데 실제 상황은 이런 희망과 달리 심각하게 전개되고 있었다. 국군 제7연대가 중국군이 배치되어 있다는 정보를 입수한 날인 10월 25일 국군 제2연대는 동림산 기슭에서 적과 만나 전투를 벌였다. 국군 측에서는 교전을 벌인 상대가 북한군인 줄 알았으나, 곧 중국군임이 밝혀졌다.

선두에 서서 전투를 벌이던 국군 제2연대 소속 제3대대가 중국군과의 전투에서 타격을 받고 흩어지자, 예비대인 제2대대를 투입했지만 이들 역시 같은 꼴을 당하고 말았다. 이날 오후 생포한 중국군 포로에게서, 자신들은 "10월 17일부터 이곳에서 대기하고 있었다"는 진술을 얻었다. 결국 10월 26일 국군 제2연대는 퇴로를 차단당하고 전열이 무너진 채, 점령했던 지역을 중국군에게 내주고 후퇴해야 했다.

예상하지 못했던 타격을 받자, 국군 제2군단에서는, 이 무렵 국군 제6사단의 동쪽 방면에서 순조롭게 진격 중이던 국군 제8사단에게 진격을 중지하고 대기하라는 명령을 내렸다. 중국군에게 격파되어 철수하고 있던 국군 제6사단 제2연대를 구조하고 이들이 버리고 온 장비를 회수하기 위해서였다. 그래서 국군 제6사단 소속 제19연대와 국군 제8사단 소속 제10연대를 투입했으나, 이들 역시 중국군에게 격파되어 버렸다.

그러자 압록강까지 진격해 있던 제7연대에게, 제2연대의 패배 소식을 알리며 철수 명령을 내려야 했다. 명령을 받은 제7연대는 후퇴하기 시작했으나, 이때는 이미 중국군에게 퇴로를 차단당한 이후였기 때문에, 제7연대 역시 적의 포위망을 돌파하면서 흩어졌다.

사태가 심상치 않게 돌아가자, 국군 제2군단에서는 10월 29일에 미 제1군단의 예비부대로 소속되어 있던 국군 제7사단까지 동원하여 11월 1일 구장동－덕천 지역에 투입했다. 그럼에도 불구하고 이 부대의 공격 역시 무위로 돌아갔고, 국군 제2군단 전체가 철수했다.

신의주 방면에서도 비슷한 상황이 벌어졌다. 이 방면에서도 국군 제1사단, 미 제24사단, 영연방 제27여단 등이 순조롭게 진격하고 있었다. 그러나 11월 1일 신의주를 향해 진격하던 미 제21연대 제1대대에, "진격을 중지하고 방어 태세를 갖추라"는 사단장의 명령이 떨어졌다. 사태가 심상치 않음을 감지한 미 제1군단장은 국군 제2군단 사령부에 들러 상황을 검토한 후, 이 날 23시 철수 명령을 내렸다. 이 명령을 받은 이 방면의 국군과 유엔군 부대들은, 11월 1일 자정 이전부터 철수하기 시작했다. 이렇게 서부 전선에서는 중국군의 개입으로 인하여 많은 피해를 보고 철수해야 하는 상황을 맞았다.

그런데도 미 8군 측에서는 잡아온 중국군 포로를 심문하고서도, 중국군의 개입 사실을 인정하려 하지 않았다. 이들은 중국군에서 북한군으로 개인적으로 참전한 인원일 뿐이며, 중국이 개입했다고 공공연히 주장한 적이 없다는 것이 그렇게 믿는 이유였다. 유엔군 사령부 역시 10월 16~30일의 상황보고서에 "중국군이 부대 단위로 한국에 투입되었다는 정보는 없다"고 결론지어 버렸다.

동부 전선의 상황도 비슷하게 흘러갔다. 국군 제1군단은 원산을 점령한 후 진격을 계속하여 10월 17일에는 함흥과 흥남까지 진출했다. 10월 20일부터는 부대 자체가 미 제10군단에 소속되면서 "국경선까지 진격하라"는 명령을 받았다. 이 명령에 따라 진격을 재촉하면서, 마천령 산맥을 중심으로 서쪽 지역으로는 미 제10군단이, 동쪽 지역으로는 국군 제1군단이 북진하기로 결정되었다.

이렇게 진격을 계속하던 10월 25일 국군 제3사단 소속 제26연대가 장진호 남쪽의 발전소 부근에서 1명의 포로를 생포했다. 그는 "제8군 제5연대 소속의 중국군"이라고 밝혔다. 그와 함께 부근에 4,000~5,000명의 중국군이 배치되어 있다고 했다. 이어 10월 29일 하갈우리 부근의 발전소에서 적과 전투를 벌이다가 60명의 북한군과 함께 16명의 중국군 포로를 잡았다.

이들을 심문해 본 결과, 이들 대부분이 1년 전까지만 해도 중국 국부군이었다가 사단 전체가 항복하면서 중국 공산군으로 바뀌었다는 증언을 얻었다. 또 10월 16일(혹은 10월 14일)에 압록강을 건너 장진 방면으로 내려온 중국 제42군 제124사단 제370연대 소속이며, 사단과 연대 본부는 장진호 남쪽 하갈우리에 있다고 했다. 이들이 이때 처음으로 전면 공세를 감행했다는 것이다. 이 증언을 통해 중국군이 개입했으며, 북한군은 중국군이 배치되는 동안 지연작전을 펴고 있다는 점을 알 수 있게 되었다.

그리고 11월 2일 미 제1해병사단 소속의 제7해병연대가 중국군과 교전을 벌였고, 중국군 포로 3명을 잡았다. 이들 역시 제124사단 제370연대 소속이라고 했다. 이 전투에서 중국군을 물리치고 황초령을 넘어 고토리까지 진격한 제7해병연대는, 이 과정에서 잡은 중국군 포로로부터 제125사단, 제126사단이 부근에 있다는 정보를 얻었다.

크리스마스 공세

그런데 이 무렵 중국군은 일부러 후퇴하며 국군과 유엔군을 유인하는 전략을 구사하기로 했다. 이에 따라 장진호 방면으로 후퇴하고 있었다. 중국군의 작전을 눈치 채지 못한 미군은 진격을 계속하여 11월 10일 고토리를, 11월 16일에는 하갈우리를, 11월 24일에는 장진호 서쪽의 유담리를 점령했다. 이때 유담리 공략에서 잡은 중국군 포로에게서, 이들의 소속이 전에 잡은 중국군과 다른 중국 제89사단 제267연대이며, 열흘 전에 압록강을 건넜다는 증언을 얻었다. 이는 장진호 북쪽에 여러 개의 중국군 사단 병력이 있다는 사실을 알려 주는 것이었다.

혜산진을 목표로 북진하던 미 제7사단 소속 제17연대도 11월 2일 적과 전투를 치렀고, 제31연대는 11월 8일 백산 동쪽에서 전투를 치렀다. 이때 사살한 적의 시체를 조사하던 중, 이들이 중국 제42군 제126사단 제376연대 소속이라는 사실을 알아냈다. 중국군 참전을 확인한 사단에 긴장감이 맴돌았는데도, 11월 12일 미 제10군단장은 미 제7사단장에게 계속 진격을 명령했다.

명령을 받은 미 제17연대는 11월 21일 아침, 중국과의 국경 도시인 혜산진을 점령하였다. 이들이 국경 지대에 도달한 첫 유엔군 부대였다. 국군 제3사단도 11월 19일에서 23일까지 4일에 거쳐 합수를 거쳐 백암까지 진출했고, 국군 수도사단은 청진까지 진출했다.

사정이 이러했음에도, 맥아더는 크리스마스까지 전쟁을 끝내겠다고 하면서 11월 24일 이른바 '크리스마스 대공세'

를 감행했다. 당연히 유엔군 전선의 약점은 방치된 상태였다. 이 조치는 합동참모본부로부터 경고를 받았지만 맥아더는 군사적 필요에 따른 조치라며 버티었다.

그렇지만 맥아더가 취한 조치는 중국군의 한반도 진입에 상당한 도움을 주었다. 10월 중순 경부터 국경을 넘어 한반도로 진입하기 시작한 중국군은, 국군과 유엔군의 진격이 한참이던 10월 말 경에 그 후방 깊숙이 침투해 있었다. 이 부대들은 전선의 빈 공간을 이용하여 저항을 받지 않았음은 물론, 탐지조차 되지 않은 상태로 북진하는 유엔군의 후방 깊숙이 침투할 수 있었다. 중국 측에서는 자신들이 바라던 대로 무모하게 진격하여 예상외의 전과를 올릴 수 있게끔 밀어붙여 주었던 이유를 맥아더의 오만에서 찾았다. 심지어 비웃기까지 했었다고 한다.

그런데 이때 투입된 중국군의 규모는 '인해전술'을 떠올릴 정도로 압도적인 병력이 아니었다. 1950년 10월 말 투입된 중국군의 규모는 미국 측에서 파악하고 있었던 수치가 18만 명이고, 중국 측에서 밝히고 있는 규모가 26만 명 수준에 불과하다. 11월까지 증강되었다는 수치를 감안해도 30만 명 정도다. 반면 국군까지 포함된 유엔군은 지상군 부대만 23만여 명, 총 42만 명에 달했다.

미숫가루 자루로 보급 부담을 줄여 보려고 했을 만큼 열악한 보급 상황, 미국과의 충돌을 부담스러워 해야 했던 정치적 상황 등이 중국군의 규모를 제한하는 요인이었다. 조직적으로 참전하면서도 '의용군'이라는 명분을 내세웠던 것도 국가가 아닌 개인 차원의 참전이라는 명분을 살리기 위해서였다. 그랬기 때문에 얼마 되지 않는 공군력조차도 마음대로 활용하지 못하는 등, 여러 가지 제한이 생겼다.

게다가 당시 중국군의 무기와 장비는 북한군보다도 별로 나을 것이 없었다. 그 점에 대한 중국군 부사령관의 회고는 이렇다.

> 보병은 박격포 몇 문을 보유한 것이 고작이었다. 대형 야포는 모두 국민당군으로부터 노획한 것인데, 노새가 끌고 다녀 기동성이 떨어졌고 은폐가 어려웠다. 결국 소총과 수류탄에 의존하는 수밖에 없었다.

중국군이 가진 장비를 보고는, 북한군과 소련군 모두 실망했다. 무기와 장비의 우위는 물론, 제공권(制空權), 제해권(制海權) 측면에서 모두 압도적인 우위에 있던 유엔군 측이 전력이 부족해서 밀릴 상황은 아니었던 것이다.

그런데도 중국이 '인해전술'을 사용했다는 이미지가 박힐 정도로 유엔군이 치명적인 타격을 받았던 이유는 따로 있었다. 전체 병력 규모는 그렇게 압도적인 규모가 아니었지만, 유엔군 전선의 균형이 무너지며 틈이 생겼던 것이 문제였다.

중국군은 유엔군의 정예부대를 국경 쪽으로 깊숙이 유인하면서 한편으로는 주력부대를 유엔군 전선의 빈 공간으로 침투시켰다. 그러고는 소수의 국군과 유엔군 부대들을 대상으로, 침투시킨 부대들이 한꺼번에 공략에 나선 것이다. 공격받는 부대들의 입장에서는 몇 배가 되는 병력의 공략 대상이 되기 때문에 중국군의 전술이 인해전술로 비칠 수밖에 없었다.

이들 중 극히 일부가 10월 25일부터 국군과, 11월 들어서면서부터는 미군과도 교전을 벌인 것이다. 맥아더에게도 중국군 참전에 대한 보고가 전해졌다. 그러나 맥아더는 중국군의 참전을 계속 인정하지 않으며, 그 의미를 최소한으로 축소하려 했다. 사태가 의심스럽게 전개되자, 11월 3일에는 합동참모본부가 맥아더에게 확실한 판단을 요구했다.

그러나 맥아더는 이때까지도 "북한에 들어온 중국군의 실체를 인정하기 곤란하다"는 태도를 보이고 있었다. 11월 5일 유엔에 보낸 특별보고서에서는 중국군 포로의 실체를 일부 인정하기도 했지만, 이것은 "소수의 의용군이 개별적으로 참전하는 수준"이라는 식으로 축소했다. 그러면서 맥아더는 이를 계속 북진을 강행할 명분으로 이용했다.

그렇지만 맥아더는 유엔에 특별보고서를 보낸 당일, 자신이 보고서에 쓴 내용과 완전히 상반되는 명령을 내렸다. 이날 맥아더는 중국군 병력이 한반도로 들어오는 것을 막기 위해 압록강의 모든 교량을 파괴하라는 명령을 내렸던 것이다. 뒤이어 6일에는 중국이 국제적인 불법행위를 저지르고 있다고 비난하는 특별성명을 발표했다. 뿐만 아니라 중국군의 개입 가능성을 놓고 대응책을 논하면서, 11월 3일에는 필요하다면 한반도에서 원자폭탄 사용도 고려 중이라는 강경한 태도를 공공연히 밝혔다. 이러한 맥아더의 입장에 대해, 영국은 깊은 우려의 뜻을 전해 왔다.

영국을 비롯한 우방국의 우려에도 아랑곳하지 않고, 맥아더의 강경한 태도는 실제 행동으로 옮겨졌다. 그는 미 공군 사령관인 스트레이트마이어(George E. Stratemeyer) 장군에게 압록강에 가설되어 있는 다리를 B-29 폭격기 90대로 폭파할 준비를 하도록 명령을 내린 것이다.

보고를 받고 이 사실을 알게 된 합동참모본부는 당황했다. 중국이 본격적으로 참전하지도 않았다고 주장하면서 무엇 때문에 이런 명령을 내려야 하는지 확인할 시간이 필요했던 합동참모본부는, 일단 작전의 연기를 명령했다. 이 명령에 대해 맥아더는 항의 전문을 보냈다. 그 요지는 "대규모 병력과 물자가 압록강을 건너고 있으므로 이를 빨리 저지하지 못하면 미군을 비롯한 유엔군이 희생을 치러야 한다"는 내용이었다. 중국군이 본격적으로 개입하지 않았다고 우기던 그때까지의 태도가 한순간에 돌변한 것이다.

이에 따라 국경 지대에 대한 공군 활동의 금지가 오히려 해제되었고, 신의주에 있는 압록강 다리의 남쪽 부분 폭격이 허가되었다. 맥아더는 더 나아가 중국 영토까지 공격 목표로 삼게 해 주기를 요구하였으나, 유엔 내의 동맹국들의 반대에 부딪혀 결국 거부당했다.

중국의 참전이 확실해지자, 한국 문제를 해결하기 위한 미국 측의 태도도 달라지기 시작했다. 미국은 한국에서 중국군을 철수시키기 위해 유엔 안전보장이사회에 제출할 결의안을 작성하기 시작했다. 프랑스와 협의 끝에 수정된 결의안은 11월 10일 유엔 안전보장이사회에 제출되었다.

이때만 해도 미국은 중국을 침공할 의사가 없다는 점을 밝히는 것이 중국의 개입을 저지하는 데 중요한 요소라고 생각했다. 11월 7일 경 중국군이 갑작스럽게 유엔군과의 전투를 기피했던 것도 이러한 판단의 근거가 되었다. 11월 중순 영국은 북한 지역에 비무장지대를 설치하고 중국 대표도 참여하는 유엔 기구의 관리 아래에 둔다는 안을 제시했다. 그러나 이러한 서방 측의 노력에 대하여 중국의 방송은 미국이 만주를 침략할 의도를 가지고 있다는 비난을 퍼부었다.

중국군의 반격

당시 중국 측은 맥아더의 강경 대응을 역으로 활용했다. 중국 측에서는 유엔군 측이 무작정 뒤로 물러선다는 의심을 하지 않도록, 최정예 몇 개 중대를 골라 상대에게 소규모 기습 공격을 펴면서 유인하는 전략을 폈다. 그리고 맥아더가 취한 이른바 '크리스마스 대공세'를 역으로 이용했다. 중국군은 미군에 비해 무기와 장비 등 전력이 훨씬 떨어지는 국군부터 집중 공격한 다음 미군을 포위하는 작전을 펼쳤다.

크리스마스 대공세에서 서부 전선을 맡고 있던 미 제8군은 왼쪽에 미 제1군단, 중앙에 미 제9군단, 오른쪽에 국군 제2군단을 배치하고 본격적인 공세를 폈다. 동부 전선을 맡고 있던 미 제10군단은 서부 전선보다 3일이 늦은 11월 27일부터 공세에 돌입했다. 이를 위해 미 제9군단은 휘하에 소속된 제2사단과 제25사단이 맡고 있던 보급로 확보와 북한 유격대 소탕 임무를, 새로 편성된 국군 제3군단에게 맡기고 순천으로 이동했다.

이때 동부 전선을 맡고 있던 미 제10군단 작전의 중점은 미 제8군의 진격으로 벌어진 전선의 틈을 메우는 데 두었다. 그래서 미 제1해병사단이 장진호에서 무평리로 진격하여 만포진－강계－희천으로 이어지는 선을 차단한 다음, 국경도시 만포진으로 진격하도록 계획을 짰다. 미 제3사단 역시 미 제8군과 연결하는 쪽에 중점을 두었으며, 미 제7사단만이 원래 미 제1해병사단이 진격하기로 되어 있었던 압록강의 후창–강구 방면으로 진격하도록 했다. 국군 제1군단은 휘하의 제3사단이 두만강 쪽의 무산으로, 제26연대가 혜산진, 수도사단이 회령과 웅기 쪽으로 진격할 계획이었다.

첫날 이 공세는 그런대로 순조로웠으나, 공세 이틀째부터 오른쪽의 국군 제2군단이 중국군의 집중 공격을 받으며 무너지기 시작했다. 국군 제2군단이 맡았던 지역 중 국경까지 앞서 진격한 부대와 뒤따라가는 부대 사이의 간격이 크게 벌어져 병력의 공백지대가 생긴 곳이었다.

바로 이런 지역에 중국군 부대가 침투하여 기다리고 있었고, 이 지역에 배치된 병력은 국군 3개 사단뿐이었다. 중국군은 전력이 떨어지는 데다가 전선에서 돌출되어 있었던 국군 3개 사단을 집중적으로 공략했다. 그리고 국군을 격파한 다음, 국경 방면으로 깊숙이 올라가 있던 유엔군의 배후를 찔러 포위해 왔다.

동부 전선에서도 두만강 쪽으로 깊숙이 진격하는 부대들은 비교적 큰 어려움을 겪지 않았으나, 유엔군 전선의 약점을 메우기 위해 움직였던 미 제1해병사단은 강력한 저항을 받았다. 공격 첫날부터 진격이 저지되었을 뿐 아니라, 그날

밤에는 유일한 보급로였던 함흥–장진호 사이의 도로가 적에게 차단당했다. 이 지역에는 중국군 8개 사단이 투입되었으며, 공격에 나섰던 미 제1해병사단이 이들에 의해 포위당한 것이다.

이와 같은 반격을 하는 데 있어서, 중국군이 보급선 차단에 포위 공격을 할 수 있는 위치까지 진격하는 데 애를 먹었던 요소는 따로 있었다. 유엔군의 저항이 아니라 피난민 때문에 길이 막히는 사태였을 정도였던 것이다. 전선의 상황이 심각한 위기로 치닫자, 11월 28일 밤 맥아더는 도쿄에서 작전회의를 가진 후 공세를 취소하고 철수하기로 결심했다. 그래서 11월 30일 모든 부대에게 철수 명령을 내렸다.

서부 전선의 부대는 중국군의 위협에 오른쪽 측면이 노출되는 것을 피할 수 있을 만큼의 후퇴를 허용했고, 동부 전선의 부대는 함흥과 흥남의 해안 교두보 지역으로 집결하도록 한 것이다. 그렇지만 심각한 위기에 몰리고 있던 미 제8군을 지원하는 문제에 대해서는 별다른 대책을 마련하지 못했다.

지상군이 전면적인 후퇴를 할 수밖에 없게 되자, 유엔 해·공군의 작전 방향도 달라졌다. 후방 폭격과 정찰 임무를 줄이고, 지상군에 대한 근접지원의 비중을 높인 것이다.

총 퇴각이 시작될 때까지만 해도 상황이 상대적으로 심각했던 서부 전선을 맡고 있던 미 제8군 사령관 워커 장군은 청천강 하구－박천－북원－태을리를 잇는 선에서 방어선을 칠 생각이었다. 그렇지만 휘하 부대들이 받은 피해가 생각보다 커서 이 계획이 불가능하다는 점을 깨달았다.

이 무렵 전선의 서쪽 측면에 배치된 미 제1군단은 청천강 북쪽의 박천 일대를 확보하고 있었으나, 오른쪽 측면의 미 제9군단이 중국군의 집중적인 공격을 받아 군우리 방면으로 밀려나고 있었다. 특히 군우리의 미 제2사단은 묘향산 능선을 따라 후방으로 나온 중국군에게 퇴로를 차단당하며 포위될 위기에 처해 있었다.

상황을 파악한 워커 장군은 청천강 남쪽에 새로 방어선을 만들기로 결심했다. 중국군의 공세에 포위당할 위기에 처한 미 제1군단은 11월 29일 오후부터 청천강 남쪽으로의 철수에 들어갔다. 이때 중국군의 추격이 심하지 않아, 일부 부대를 제외하고는 대부분의 철수가 순조로웠다. 30일 오후 부대의 철수가 끝난 18시 경, 청천강을 건너는 다리들을 모두 폭파해 버렸다.

미 제1군단의 철수가 비교적 순조로웠던 반면, 미 제9군단은 격전을 치러야 했다. 포위를 위해 후방으로 침투하려는 중국 제38군과 제40군의 공격을 막아 내야 했기 때문이었다. 특히 군우리에 배치되어 있던 터키 여단과 미 제2사단은 격전을 치르며 빠져 나와야 했다. 그나마 제공권과 제해권을 장악하고 있었던 덕분에 주요 전력이 전멸하는 사태는 피하며 철수할 수 있었다.

총 퇴각 이후에는 미 제1군단이 숙천-순천 지역을, 미 제9군단이 순천-성천 지역을 방어하게 되었다. 중국군의 공격으로 타격을 심하게 받았던 국군 제2군단은 제6사단과 제7사단 제3연대를 미 제9군단 휘하로 보내고, 군단의 나머지 부대들은 재정비에 들어갔다.

동부 전선에서도 장진호 방면에서 국경 지역으로 진출하려던 미 제1해병사단의 진격이 중국군의 반격으로 좌절된 다음인 11월 28일, 유엔군 사령부로부터 철수 명령이 떨어졌다. 미 제1해병사단의 후퇴도 중국군의 공격으로 큰 어려움을 겪어, 한때 전투 장비를 포기하고 수송기로 병력만 빠져나오자는 제안을 받기도 했다. 그렇지만 차량과 장비를 가지고 퇴각할 수 있다고 판단한 미 제1해병사단장의 결단으로 돌파를 감행하게 되었다. 이들은 피난민까지 따라오는 어려움이 겹쳐졌음에도, 퇴로를 차단한 중국군과 격전을 치르며 12월 10일 밤 흥남에 도착했다. 혜산진과 신갈파진으로 진출했던 미 제7사단과 국군 제1군단도 11월 30일 철수명령을 받고, 철수에 나섰다.

유엔군의 위기

크리스마스 공세가 실패로 돌아가자 맥아더는 더욱 강경한 조치를 주장했다. 맥아더는 중국의 동의를 얻어 38선에서 휴전하는 것도 지지한다고 하면서, 중국의 참전으로 전쟁이 확대되면 중국 자체를 공략해야 한다고 주장한 것이다. 즉 전쟁이 확대된다면 단순히 한반도에 진입한 중국군만 격퇴하자는 차원이 아니라 중국 해안 봉쇄는 물론, 중국 자체를 공격하자고 한 것이다. 12월 초, 맥아더는 이런 주장을 언론에 밝혔다. 이 과정에서 맥아더는 중국이 '성역'처럼 취급되는 경향과 자신의 강경책에 반대하는 유럽 국가들에 대한 비난을 쏟아 냈다.

이 때문에 트루먼 대통령은 12월 5일, 정부 요원이 사전에 국무성이나 국방성의 허가를 얻지 않고 외교·군사 정책과 관련된 성명을 발표하지 못하도록 하는 조치를 취해야 했다. 그리고 미국의 '국가안전보장회의'는 소련의 개입을 불러일으켜 확전과 함께 유럽까지 위협 받으리라는 판단으로 맥아더가 요청한 만주 폭격을 거부했다. 대만 군대를 활용하자는 주장 역시 마찬가지였다. 맥아더의 폭주에 대한 견제는 이후에도 계속되었다. 미 합동참모본부는 1951년 2월 21일에는 나진에 대한 폭격 금지를 명하고, 3월 1일에는 다시 압록강

연안의 중국의 발전 시설에 대한 폭격도 금지해 버렸다.

11월 30일부터 유엔군이 총 퇴각을 하게 되면서 전황이 불리해지자, 트루먼 대통령은 기자회견을 열어 "유엔군은 한국에서의 임무를 포기할 생각이 없다"고 했다. 그런데 뒤이어 "미국이 가지고 있는 모든 무기의 사용을 포함하여, 현 상황에 대처할 모든 조치를 취할 것"이라는 말이 파문을 불러일으켰다. 한 기자가 "핵무기 사용을 고려하고 있다는 뜻이냐"고 물었을 때 트루먼 대통령은 "항상 적극적으로 고려했다"고 답했던 것이다.

이 말이 파문을 일으키자, 미국 정부는 "모든 무기의 사용이란 전쟁 중일 때 사용하는 일상적인 표현"이라고 하며 수습하려 했다. 그렇지만 파문을 가라앉힐 수 없었다. 이 때문에 심각해진 상황을 논의하기 위해 영국 총리 애틀리(Clement R. Attlee)는 미국을 방문했다. 그는 이 방문에서 38선 정도에서의 휴전을 제의했으며, 12월 8일에 트루먼 대통령은 영국 총리와 함께 한반도에서 유엔의 목적을 평화적으로 달성하기 위해 모든 노력을 기울여야 한다는 내용의 성명을 발표했다. 미군 내부에서도 중국과 북한의 동의를 얻을 수 있다면 휴전을 해야 한다는 주장이 대두되었다.

이때 인도가 아시아 · 아프리카 13개국의 지지를 받아 유엔총회에, 한국에서 휴전을 모색하기 위한 3인위원회를 구성하자는 결의안을 제출하였다. 미국도 이를 지지하여 12월 14일 총회에서 이 결의안이 통과되었다. 3인위원회는 당시 총회 의장이었던 이란 대표 엔테삼(Nasrollah Entezam), 캐나다 대표인 피어슨(Lester B. Pearson), 그리고 인도 대표인 라우(Benegal N. Rau)로 구성되었으며, 이들은 중국과 접촉하기 시작하였다. 그러나 당시의 전황이 유리하다고 판단했던 중국은 38선에서의 휴전제의를 받아들이지 않았다.

유엔군이 계속해서 밀려나자 1950년 12월 16일, 트루먼 대통령은 국가 긴급 사태를 선언하였다. 그럼에도 불구하고 미국 내에서 병력을 더 동원하는 것이 어렵다는 결론이 내려지면서, 미국 내부에서는 상황을 비관적으로 보는 시각이 확산되어 갔다.

전선의 상황이 심각하게 돌아가자, 유엔군 사령부에서도 12월 초 새로운 전략을 모색하기 위한 논의가 있었다. 맥아더는 병력 열세 때문에 철수하지 않을 수 없다는 입장이었다. 미 합동참모본부는 미 제8군과 미 제10군단을 통합 운영하여, 평양-원산을 잇는 선에서 적을 방어하자는 제안을 내놓았다.

그러자 맥아더는 평양-원산 사이의 거리가 250킬로미터에 달하고, 중간에 태백산맥이 가로막고 있어 협력에도 제한이 있다는 이유로 반대했다. 어차피 바다를 통해 보급을 받는 비중이 크기 때문에 차라리 분리해서 운영하는 편이 낫다는 논리였다. 또 미 제10군단을 함흥에 두어 적의 측면을 위협하면서 대부대의 남하를 견제하는 편이 낫다는 주장도 폈다.

미 합동참모본부는 이런 전략이, 산악작전에서 능력을 입증한 중국군에게 작전에 필요한 공간을 주는 꼴이라는 이유로 반대 입장이었다. 맥아더 역시 병력의 증강 없이는, 미 제10군단을 함흥에 두는 것이 일시적인 조치에 불과하다는 점을 인정했다. 결국 맥아더의 주장은 상대적으로 소규모였던 북한군에 대응하기 위해 세웠던 정책과 전략은 수정되어야 하며, 유엔군이 병력 우위를 확보하지 못하면 철수를 고려해야 한다는 것이었다.

이와 같은 의견 대립을 조율하기 위하여 열린 전략회의의 결과, 일단 유엔군 병력을 보존하기 위하여 해안 교두보 지역으로 이동시켰다. 그리고 궁극적으로는 미 제8군과 미 제10군단을 통합하며, 단계적으로 방어선을 만들며 부산까지 철수하는 전략에 합의했다. 이 계획에서는 서울 북쪽에 4개의 방어선을 포함한 9개의 방어선이 설정되었고, 최종 방어선은 낙동강 방어선이었다.

전선의 상황도 암울했다. 청천강 남쪽으로 철수한 뒤 전선은 한동안 소강상태를 보였으나, 이것이 다음 공세를 위한 준비 단계임을 예측하기 어렵지 않았다. 더욱이 중국군의 공세로 국군과 유엔군이 심각한 피해를 입었기 때문에, 부대를 재정비해야 했다. 사정이 이러했기 때문에 워커 장군은 적과의 결전을 회피하면서, 지연전을 벌인다는 전략을 세웠다.

이 무렵 적이 평양 북쪽에서 유엔군 부대를 포위·섬멸시키기 위해 이동 중이라는 점을 시사하는 정보가 들어오기 시작했다. 워커 장군은 남아 있는 유엔군 전력으로 이들을 격퇴하기는 무리라고 보고, 적이 공격해 오기 전에 평양에서 철수하기로 결단을 내렸다. 그리고 적에게 타격을 받고 나서 철수하려다가 막대한 군수물자를 자기 손으로 파괴했던 비극을 되풀이하지 않기 위하여, 평양과 진남포 등지에 쌓아 놓은 물자들을 최대한 미리 이동시키기로 했다.

12월 3일 상당한 규모의 중국군이 미 제8군의 북쪽과 동쪽에 배치되고 있다는 첩보를 입수한 뒤, 다음날 08시를 기해 평양에서의 철수에 들어갔다. 군수물자를 미리 후송시키려는 계획이 수립되었음에도 불구하고, 부상자와 부대 수송에 수송 수단이 우선적으로 배정되었다. 그 바람에 많은 군수물자들을 또다시 자신의 손으로 파괴하는 상황을 되풀이했다. 서부 전선에서 평양을 저항 없이 내주고 다음 방어선으로 이동하던 12월 8일, 유엔군 사령부는 미 제8군에 38선으로 철수하라는 명령을 내렸다.

동부 전선에서도 같은 날 흥남 지역을 중심으로 집결되어 있던 국군과 유엔군 부대에 같은 명령이 내려졌다. 동부 전선의 부대들은 대부분 배편으로 철수에 돌입하여 부산으로 향했다. 이때 피난민이 몰려들자, 미 제10군단장은 군·경 가족들을 중심으로 한 일부만 피난시키려던 계획을 변경하여 배편이 되는 대로 피난민들을 철수시켜 주었다. 그리고 12월 24일 흥남에서의 철수를 마무리 지었다. 이렇게 유엔군이 철수하는 와중에 많은 피난민들이 남쪽으로 내려왔지만, 북한 정권에 맞서는 일부는 해안 지역 등을 중심으로 반공 유격대 활동을 하기도 했다.

(출처: 『한국전쟁』, 국방군사연구소)

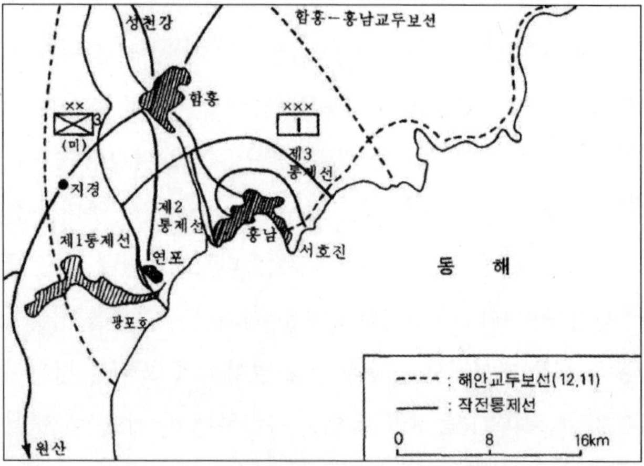

함흥·흥남 철수 계획

서울을 둘러싼 공방전

공산군의 '신정 공세'

12월 8일부터 시작된 철수로, 국군과 유엔군 부대는 38선을 중심으로 집결하게 되었다. 이후 방어 체제는 중서부 전선을 미군이, 동부 전선을 국군이 맡은 식으로 바뀌었다. 그러나 실제로는 꼭 이렇게 되지는 않았다. 12월 23일부터 38선 방어선을 정비했지만, 이때 동부 전선에서 철수하던 많은 부대들이 아직도 바다 위에 있었기 때문이다. 이들이 상륙하고 재정비해서 전선에 투입할 수 있게 되기까지 많은 시간이 걸렸다. 이런 와중인 12월 23일, 미 제8군 사령관인 워커 장군이 교통사고로 사망하는 바람에, 그 후임자로 리지웨이(Matthew B. Ridgway) 중장이 부임하는 사건이 있었다.

중국군의 참전으로 전황이 역전되면서, 괴멸 상태에 빠졌던 북한군도 본격적인 재건에 들어갔다. 그러면서 작전에 있어서의 협력을 위해 '연합사령부'를 설치했다. 그와 함께 38선에 형성된 유엔군 방어선을 뚫고 다시 남하할 계획을 세웠다.

사실 중국군이 11월에 감행한 이른바 '2차 공세'는 유엔군이 빠르게 후퇴하면서 '적 병력을 포위 섬멸'한다는 목표를 이루지 못했다. 여기에 워낙 열악했던 보급 상황 때문에 가지고 있던 식량과 탄약도 떨어져 신속하게 유엔군을 추격할 수 없었다. 유엔군의 평양 철수에 즈음하여 감행된 공세 역시 유엔군의 빠른 후퇴로 비슷한 결과를 맞았다.

그렇지만 공산 측은 10월과 11월 공세를 통하여, 12월 중순까지 북한 정권의 수도인 평양을 비롯한 전쟁 전의 지배 영역 대부분을 되찾았다. 그리고 이렇게 이룬 전과를 확대하기 위하여 이른바 '3차 공세(신정 공세)'를 준비했다.

중국 내부에서는 3차 공세를 시작할 시기에 대해 약간의 갈등이 있었다. 중국 지원군 사령관 펑더화이(彭德懷)는 중국 군사위원회에 빠른 시일 내에 공세를 재개하는 데 있어서의 어려움을 호소했다. 지난 공세를 통해 중국군도 큰 피해를 입었고, 보급선이 길어지면서 물자 부족에 시달리고 있으며, 지난 번 공세는 유엔군 측이 스스로 만든 약점을 이용해 쉽게 전과를 올릴 수 있었으나, 이번에는 방어진을 만들고 대비하는 적을 공략해야 한다는 등의 문제가 해결되기 어렵다는 것이었다. 그래서 겨울 동안 충분한 휴식과 부대 정비, 또 증원 부대의 도착에 시간이 필요하므로 3차 공세는 1951년 2월에서 3월 사이에 하자는 것이 펑더화이의 입장이었다.

그러나 마오쩌둥은 타격을 받은 유엔군이 혼란에 빠져 수습할 시간이 필요한 상황이라, 그런 시간을 주어서는 안 된다는 입장이었다. 그런 차원에서 빠른 시일 안에 공세를 재개한 뒤, 필요한 휴식을 취하라고 했다. 그에 따라 펑더화이도 12월 19일 공격 재개 명령을 내렸다. 김일성 역시 이에 발맞추어 12월 하순 중앙위원회를 열어 3차 공세에 대한 지침을 전했다.

이에 대응하여 유엔군 측에서는 여러 개의 방어선을 만들어 놓고 공산군의 공세를 지연시키며 반격을 노리는 전략을 세웠다. 이는 우세한 적의 병력을 의식하여, 어떤 방어선을 확실하게 지켜 낼 자신이 없다는 전제가 있는 셈이다.

1950년의 마지막 날인 12월 31일에 공산군의 공세가 개시되자, 국군과 유엔군 부대들은 38선을 중심으로 만들어 놓은 방어선을 끝까지 지킨다는 생각 없이 후퇴에 나섰다. 특히 춘천–홍천 방면의 전선에 중국군의 공격이 집중되며 이 지역의 방어선을 지킬 자신이 없어지자, 서울을 중심으로 포진한 부대가 포위될 위험이 부각되었다. 또 추위에 한강이 얼어붙어 강 자체를 방어물로 삼기도 어려웠다. 그 때문에 춘천–홍천 방면의 방어선을 뚫고 들어온 공산군이 서울에 배치된 유엔군을 포위할 위험이 더욱 커졌다.

그 결과 1951년 1월 4일에는 또다시 서울을 내주는 결단을 내렸다. 한국 정부와 많은 민간인들이 다시 피난길에 올랐다. 이것이 이른바 '1·4 후퇴'다.

1월 6일에는 미 제1군단과 미 제9군단이 평택–안성–장호원을 잇는 선에 도착하면서 서부 전선의 철수작전은 일단락되었다. 이 과정은 적과의 교전이 별로 없이 그저 후퇴하는 데에만 치중했기 때문에, 미 제8군 사령관 리지웨이 장군이 두 군단장에게 경고를 했을 정도였다. 그런데 이를 두고 중국 지원군 사령관 펑더화이는 전혀 다른 결론을 내렸다. 이번 공세에서 전과를 올리지 못한 이유가 유엔군이 공산군을 유인하기 위한 작전을 폈기 때문이라고 보았던 것이다. 그래서 1월 8일 공산군의 추격을 중지시켰다.

접전은 중동부 전선에서 벌어졌다. 서부 전선에서 주로 중국군이 유엔군을 위협하고 있는 동안, 중동부 전선에서는 북한군 제2군단과 새로 편성된 제5군단이 험한 산을 타고 후방으로 침투했다. 1월 8일 중국군이 추격을 중지하며 서부 전선이 소강상태에 빠지자, 이쪽 방면으로 침투했던 북한군 부대들이 공격에 나서면서 전투가 벌어졌다.

퇴로를 차단당한 국군 제3군단은 후방으로 물러나야 했고, 이 때문에 전선에는 돌파구가 뚫렸다. 이 방면의 돌파구가 확대되면 서부 전선에 배치된 유엔군의 오른쪽 측면이 위협을 받기 때문에, 미 제8군 사령관은 흥남에서 철수하여 경주에서 부대를 재정비하고 있던 미 제10군단을 투입하기로 했다. 그럼에도 이 지역에 배치된 국군을 재편성하면서 생긴 혼란 때문에 위험이 가중되었다.

여러 사정으로 한때 중부 전선의 요충지 원주에서 물러나는 위기도 있었으나, 격전 끝에 원주를 다시 장악함으로써 이 지역에 생겼던 위기는 일단 지나갔다. 그리고 후방으로 침투해 국군과 유엔군에 위협을 주었던 북한군 제2군단의 활동도 결정적인 타격을 주지는 못했다.

이러면서 공산군의 이른바 '신정 공세'도 일단락되었다. 이 공세에서 공산군은 서울을 점령하고 북위 37도선까지 진출하는 데까지는 성공했으나, 8만 5,000명의 인명 피해를 입고 보급은 더욱 어려워지는 곤란을 겪었다.

이런 와중에서 대한민국 정부는 부족한 병력을 확보할 목적으로 1950년 12월 21일 국민방위군 법을 정하고 군대 편성에 들어갔다. 그 규모가 50만 명에 달했으나, 공산군의 신정 공세로 방위군 사령부는 대구로 이동하고 지역방위군은 각각 남하하여 재집결하도록 하는 조치를 취해야 했다. 그런데 이동하는 중에, 방위군 사령부 고급 간부들이 방위군의 유지에 써야 할 물자들을 빼돌리는 바람에 많은 병사들이 죽거나 도망치는 사태가 생겼다. 이 때문에 국민방위군은 그 역할을 제대로 시작해 보지도 못하고 해체되었다.

이와는 별도로 대한민국 정부 측에서는 대한청년단이라는 조직을 무장시켜 활용하려는 계획도 추진했다. 그러나 맥아더가 이미 편성된 부대들도 제대로 운영하지 못하는 상황에서 새로운 부대를 만드는 의미가 없다는 이유로 반대에 나섰다. 결국 이 역시 결실을 보지 못하고 말았다.

1951년 1월 12일 미국 정부의 전쟁 지침에는, 공산군에 밀려 유엔군이 철수할 경우에 대비한 대책이 들어 있었다. 이 경우 유엔군은 일단 일본으로 철수하고, 한국 정부와 군대와 경찰은 제주도로 옮겨 저항을 계속할 수 있도록 지원한다는 내용이었다. 그러면서도 최악의 경우를 생각하고 있다는 점을 감추기 위한 노력도 계속되었다. 미국은 일단 외교적으로 중국에 타격을 주었다. 1951년 2월 1일에 유엔총회는 미국의 제의로 중국을 '침략자'로 규정하는 결의안을 압도적인 다수로 채택했다.

유엔군의 반격

1월 8일을 기해 공산군의 공세가 마무리 될 때 즈음해서, 국군과 유엔군의 방어선은 평택–안성–장호원–원주–삼척 선으로 조정되었다. 이에 따라 1월 12일에는 이 방어선에 맞춘 부대의 배치가 끝났다. 그리고 미국 이외의 참전국들이, 소규모이기는 하지만 군대를 더 보내왔다.

이에 비해 공산군 대부분의 부대는 휴식과 부대 정비에 주력하고 있었다. 그러나 북한군 제2군단과 제5군단은 제천–영주 선으로 침투하며 국군과 유엔군의 후방 지역을 위협했다.

위협이 완전히 사라지지는 않았지만, 어느 정도 전선이 안정되자 미 제8군 사령관 리지웨이 장군은 새로운 타개책을 찾았다. 그는 유엔군이 대규모 병력 증원이 불가능한 상황에서, 방어선을 지키기만 해서는 곤란하다고 생각했다. 그보다는 적이 이동 중일 때 반격하는 편이 피해도 크게 줄 수 있으며, 공세를 지연시켜 아군을 보호할 수 있는 방법이라고 보았다. 그래서 우세한 화력과 기동력을 이용하여 제한된 지역에서 적 병력을 최대한 살상하면서 기동전을 벌이는 전략을 펴기로 했다. 정치적으로도 리지웨이 장군은 자신의 상관인 미 극동군 사령관 맥아더 원수와 미 합동참모본부, 국무부 등이 한국을 포기할지 여부를 놓고 논의를 거듭하고 있는 상황에서 전황을 판단해야 할 필요도 느꼈다.

이러한 필요에 따라 1951년 1월 15일, 리지웨이는 중국군의 위치와 의도를 파악하기 위해 미 제25사단 제27연대를 차출하여 위력수색을 명령했다. 이 작전의 명칭이 울프하운드 작전(Operation Wolfhound)이었다.

이 부대가 북상하면서 수색했지만 평택까지는 중국군을 찾을 수 없었고, 심지어 미군이 철수하면서 설치해 놓은 장애물도 그대로 남아 있었다. 수원까지 올라가서야 중국군의 저항이 있었을 뿐이다. 그나마 심한 저항도 아니었다. 이를 통하여 1950년 12월 31일부터 시작된 중국군의 공세가 끝났다는 점이 분명해졌으며, 미군 입장에서는 여유를 가질 수 있게 되었다.

제천-영월 사이로 침투하여 국군과 유엔군의 후방을 교란하던 북한군 제2군단의 침투작전도 격전을 치르며 힘이 빠져갔다. 그 결과 북한군 전선사령부는 1월 20일 북한군 제2군단에게 평창 쪽으로 후퇴하여 재정비하라는 명령을 내렸다. 그러나 이때쯤 이 부대는 거의 괴멸 상태에 빠져 있었다. 중국군의 공세가 끝났음을 알게 된 리지웨이는 좀 더 규모가 큰 반격작전을 구상하고 실행에 옮겼다. 적이 과연 어디쯤에 주저항선을 설정해 놓고 있는지 파악하는 것이 작전의 1차 목표였다. 이 작전에는 선더볼트 작전(Operation Thunderbolt)이라는 이름을 붙였다. 리지웨이는 1월 25일 작전 개시 후, 수원－이천 선이 주저항선임을 파악했다.

공산 측에서는, 피해를 회복하고 부대 정비를 거치려면 2월 이후에나 반격이 가능하리라고 예상했던 국군과 유엔군이 한강으로 전진해 오자 당황했다. 그래서 1월 27일 서둘러 휴식과 부대 정비를 중지하고 국군과 유엔군의 공세에 대한 대비에 들어갔다. 그 결과 한강 북쪽에 포진하고 있던 중국군이 지평리－가평 북쪽으로 이동하기 시작했다.

리지웨이 장군은 이 현상을 보고, 적이 한강 남쪽에 배수진을 치고 저항할 의도라고 보았다. 그래서 1월 31일, 수색을 위해 전진하던 부대에 전면 공격으로 전환할 것을 명령했던 것이다. 이 반격을 통해 격전을 치른 후 국군과 유엔군은 다시 한강선까지 진출했다. 그러나 한강을 넘지는 않았다. 서울을 점령하는 것이 군사적으로 큰 이득이 없을 뿐 아니라, 한강을 넘을 경우 배후의 한강이 장애물로 작용할 것을 염려했기 때문이었다.

이에 발맞추어 중부 전선의 미 제10군단도 홍천을 포위하여 적의 중앙 거점을 포위했다. 이를 통하여 침투작전에 실패하고 퇴각하는 북한군 제2군단을 섬멸하는 동시에 다음 반격을 위한 발판을 마련한 작전을 감행하고자 했다. 이 작전의 이름은 라운드업 작전(Operation Roundup)이라고 붙였다. 이 작전으로 별다른 전과를 거두지 못하였으나, 이를 통하여 적 병력이 이 지역에 집결하고 있으며 곧 대대적인 반격이 있을 예정임을 감지할 수 있었다.

동해안 지역을 맡고 있던 국군 제1군단도 격전을 치른 끝에 항구와 비행장이 있는 강릉과 요충지 대관령 등을 확보했다. 이 시기 유엔 공군은 최초로 소련제 미그 15기와 공중전을 벌였다. 그리고 대한민국 해군은 황해도 지역에서 바다로 탈출했던 피난민들을 서해 5도(백령도, 대청도, 소청도, 연평도, 우도)를 비롯한 연안의 섬들로 피신시켰다. 이 조치는 휴전 이후 대한민국 측에서 서해 5도를 확보할 수 있는 기반이 되었다.

서울 재탈환

미 제10군단의 라운드업 작전이 감행되고 있을 즈음, 중국군은 이를 역이용하여 반격할 계획을 세우고 있었다. 이 작전을 수행하기 위해 원산에서 재편성한 중국 제9병단을 춘천 방면으로 이동시키고 있었고, 이번 작전의 주공부대인 중국 제42군을 지평리 부근에 배치했다. 여기에 중국 제

39군, 중국 제40군, 중국 제66군을 양덕원리-홍천 일대로, 동부 전선에 배치되어 있던 북한 제2군단, 제3군단, 제5 군단도 홍천 동쪽으로 이동시켰다.

공산군의 움직임이 심상치 않음을 느낀 리지웨이 장군은, 적이 공세를 취해 올 경우 홍천 포위작전에 투입된 부대들의 지휘·통제가 어려울 것이라고 생각하고 홍천 포위작전을 수행하고 있는 미 제10군단의 왼쪽 측면에서 작전을 하고 있던 미 제2사단에게 진격을 중지하라는 명령을 내렸다.

이때 리지웨이 장군은 이른바 제3차 공세가 중단된 이유에 대한 해답을 얻고 있었다. 리지웨이 장군은 그동안 공세 중단 이유가 대전략의 변화에 의한 것인지, 단순히 보급과 정비 때문인지를 파악하려 애쓰고 있었던 것이다. 그런데 이때 보고받은 정보는 "중국군이 보급 문제만 해결하면, 어떤 피해를 입든 유엔군을 한반도에서 몰아내기 위한 작전에 나설 것"이라는 것이었다. 그래서 홍천 쪽에 부대가 집결하고 있으며, 이곳을 돌파한 다음에는 남서쪽으로 진격하여 서부 전선의 유엔군을 포위 섬멸하려 할 것이라고 예상했다.

공산군은 대체로 이 예상대로 공격해 왔다. 1951년 2월 11일을 기해 개시된 공산군의 공세로 국군과 유엔군은 막대한 피해를 입었다.

이 공세에서 핵심적인 전략 요충으로 부각된 곳이 지평리였다. 이곳을 공산군이 점령하면 미 제9군단의 오른쪽 측면을 공략하며 포위를 시도할 수 있는 지점이 되는 것이고, 반대로 유엔군이 점령하면 역으로 미 제8군과 맞서고 있는 공산군을 포위할 수 있는 거점이 된다.

그렇기 때문에 중국군은 정예라 할 수 있는 제42군을 이 지역 공략에 투입했던 것이다. 유엔군 역시 이 지역을 지켜내기 위해 미 제23연대를 중심으로 방어전을 펼쳤다. 격전 끝에 2월 15일부터 이곳을 공격하던 중국군이 퇴각하기 시작했다. 이 전투는 중국군 개입 이후, 처음으로 유엔군이 중국군의 공세를 효과적으로 격퇴했다는 점에서 의미를 갖는다.

지평리에서 저지된 이후, 공산군의 공세는 힘이 빠졌다. 이 틈을 타 유엔군은 적에게 휴식과 재편성의 기회를 주지 않기 위해 반격에 나섰다. 리지웨이 장군은 그동안 중국군을 상대로 한 전투를 치르며 얻은 경험에 입각하여, 요충지를 점령하며 진격해 나아가는 것보다 적의 병력을 살상하는 것이 중요하다고 여겼다. 더 많은 숫자를 확보하고 있는 적 병력을 줄이지 않고 요충지를 점령해 나아가는 것이 위험을 자초할 수 있다는 점을 깨달은 결과였다. 그래서 작전의 이름도 킬러 작전(Operation Killer)이라고 붙였다.

리지웨이 장군은 이 작전의 목표를 바로 전에 있었던 중국군의 4차 공세(일명 2월 공세)로 잃은 지역을 회복할 뿐 아니라, 이 지역 안에 있던 공산군을 포위·섬멸하는 것으로 삼았다. 이 작전은 중국군 개입 이후 미 제8군이 중국군에 대해 감행한 최초의 대규모 공세작전이다. 1951년 2월 21일 개시된 이 작전으로, 유엔군은 우여곡절을 겪은 끝에 51년 3월까지 한강 남안 – 횡성 – 강릉을 연결하는 방어선을 확보하는 성과를 거두었다. 그러자 여세를 몰아 전선의 중앙 지역에 돌파구를 형성, 적을 양분하는 작전에 나섰다. 서부의 중국군과 동부의 북한군을 분리시킨 다음, 남쪽과 동쪽으로부터 서울을 포위한다는 전략을 수립하고 작전을 편 것이다. 이것이 이른바 리퍼 작전(Operation Ripper)이다. 이 작전은 예상 밖의 성과를 거두었다. 원래 유엔군의 증원이 없는 상황에서 무리하게 서울 재탈환에 나서서는 안 된다는 생각이 우세했으나, 이 작전을 통하여 미 제8군이 서울 동쪽의 주요 고지들을 점령하자 공산측이 불리한 위치에서의 방어를 포기하고 물러나 버린 것이었다.

덕분에 유엔군은 이 작전을 통해 춘천을 확보하면서, 3월 14일에는 서울을 재탈환했다. 서부 전선의 미 제1군단은 서울을 탈환한 후 임진강 남쪽에 자리 잡고 있던 북한군 제1군단과 중국 제26군을 섬멸할 계획을 세웠다. 이를 위해 임진강의 다리를 파괴하고 공수부대까지 투입하여 퇴로를 차단하고 포위·섬멸하려 하였으나, 예정만큼의 전과를 올

리지 못했다. 그렇지만 이 작전의 결과 유엔군이 임진강까지 진출할 수 있었다. 이에 발맞추어 동부 전선의 국군 제1군단도 3월 27일, 양양까지 진출했다. 이로써 유엔군은 문산–임진강 상류–동두천–춘천–현리–양양 북쪽을 잇는 선을 확보했다.

맥아더 해임

국군과 유엔군이 대체로 38선 부근에 방어선을 갖추자, 또다시 38선 이북으로의 진격에 대한 논란이 생겼다. 이때 미 행정부와 합동참모본부는 나름대로의 방침을 정했다. 그 방침을 요약해 보면 다음과 같다.

> 38선을 회복하면 미국은 휴전을 추진한다. 공산 측이 거부하면 계속해서 피해를 준다. 상황에 따라 38선 북쪽 16~32킬로미터 이내에서 '공세적 방어'를 할 수 있다. 그렇지만 전면적으로 38선을 넘어 북한 지역을 점령하려 해서는 안 된다.

중국의 개입으로 많은 피해를 본 이후, 미국은 사실상 한국의 통일을 이루어 줄 생각을 포기해 버린 것이다.

전세가 다시 유리해지자, 트루먼 행정부는 전세를 관망하면서 휴전을 모색하기 시작했다고 할 수 있다. 미 국무성은 국방성 및 합동참모본부와 협의해 한반도 전쟁을 휴전하자는 내용을 담은 대통령 외교 성명의 초안을 만들었다. 그리고 3월 19일에 파병국들에게 동의를 구하는 한편, 그 다음날에는 맥아더에게도 그 취지를 전달하였다. 그러면서 미 합동참모본부는 맥아더에게, 공산 측과 협상이 시작되었을 때 유엔군의 안전을 보장받으며 협상을 계속할 조건을 정하는 데 도움을 달라고 했다.

그런데 맥아더는 3월 24일, "중국은 전쟁에서 이길 수 없으며, 전쟁이 계속될 경우 중국 본토를 공격할 수도 있다"는 내용이 담긴 성명을 발표해 버렸다. 여기에는 유엔이 제한전쟁을 하겠다는 생각을 버리고 중국에까지 전쟁을 확대시켜야 하고, 유엔이 정한 목적을 달성하기 위한 수단을 찾아야 한다는 내용도 들어가 있었다. 이러한 발표를 하면서도, 맥아더는 본국 정부와 사전협의도 거치지 않았다.

이렇게 맥아더가 선수를 쳐서 성명을 발표해 버리자 트루먼 행정부는 당황했고, 한국에 병력을 보내 준 동맹국 역시 당혹스러운 상황에 빠졌다. 미 국무성은 즉각 맥아더의 월권을 비난하는 성명을 발표했지만, 이러한 와중에 한국전의 휴전을 제안하는 트루먼 대통령의 외교 성명은 발표 시기를 놓쳐 버렸다.

트루먼 대통령의 입장에서는 맥아더가 고의적으로 자신의 정책을 방해하려 한다고 생각할 수밖에 없는 상황이었다. 공교롭게도 맥아더가 성명을 발표한 날, 이승만도 유엔군이 38선에서 진격을 멈추어서는 안 되며, 북진하여 통일을 이루어야 한다는 내용의 성명을 발표했다. 그것이 유엔의 목표였으며, 이를 포기하면 한국은 번영은 물론 존속조차 곤란해지고, 지금까지 노력한 보람도 없이 또다시 남북한의 충돌 위험을 방치하는 결과라는 취지였다.

미 국무성은 즉각 맥아더가 자신의 권한을 넘어선 발언을 한 데 대해 비난하는 성명을 발표했지만, 파문이 쉽게 가라앉을 리 없었다. 결국 맥아더가 전쟁의 확대를 피하려 했던 미 행정부를 곤란하게 만들어 버린 셈이다.

사실 맥아더가 독단적으로 행동해서 대통령을 비롯한 미 행정부의 입장을 곤란하게 만들어 버린 일은 이전부터 계속되던 것이었다. 먼저 미 행정부는 한국전쟁 초기부터 적극적으로 개입하려던 대만의 요청을, 중국과의 관계를 고려하여 거절하는 입장이었다. 그런데도 맥아더는 대만의 개입을 주장했다. 급기야 1950년 8월 25일 미국의 재향군인회에서 낭독할 성명에서 대만에 대한 중립화 이외의 것을 바라지 않는다는 미 행정부의 입장과 전혀 다른 내용을 발표해 버렸다. 여기에는 '유화주의와 패배주의를 옹호하는 사람들에 대한 비난'도 들어가 있었다. 이 내용은 미 국무장관을 분개하도록 만들었고, 결국 이 메시지를 취하하도록 압력이 들어가며 갈등을 빚었다.

이러한 갈등이 있었음에도 38선을 돌파하며 북진이 한창이던 시기에, 맥아더는 또 한 번의 문제를 일으켰다. 상부의 허락도 없이 유엔군이 북진 제한선을 넘지 못하도록 규정한 대통령의 이른바 9·27 훈령을 무시하는 명령을 내려 버린 것이다.

사실 명백한 명령불복종이었지만, 트루먼 대통령은 이를 크게 문제 삼지 않았다. 그럼에도 불구하고 맥아더는 계속해서 문제를 일으켰다. 중국이 개입하지 않을 것이라는 그의 장담과 달리 중국군이 대거 투입되어 유엔군이 위기를 맞이하게 된 다음, 그는 중국 본토 자체에 대한 공격까지 주장하고 나섰다.

더욱이 미 행정부나 합동참모본부에 알리지도 않고, 압록강의 교량을 폭격하도록 명령을 내리기도 했다. 한국과 중국·소련 국경을 위협하지 말라는 명령을 무시하는 조치였기 때문에 합동참모본부에서 저지하려 했다. 그러자 맥아더는 강력하게 반발했다. 더 나아가 미국의 정책은 물론이고, 유럽 동맹국들에게까지 근시안적이고 이기적이라며 비난을 퍼부었다.

이 때문에 트루먼 대통령이, 정부 요원들은 사전에 국무성이나 국방성의 허가를 얻지 않고 외교·군사 정책과 관련된 성명을 발표하지 못하도록 해야 했던 것이다. 그렇지만 맥아더는 이조차도 무시하고 자신이 공산 측 사령관과 야전에서 만나자는 제안을 해 버렸다.

이때에도 맥아더는 중국의 군사력이 과대평가되고 있으며, 그렇기 때문에 자신이 지휘하는 유엔군에 많은 제약이 가해져 중국에 유리한 상황을 만들어 주었다고 했다. 그럼에도 불구하고 한국을 점령할 수 없음이 증명되고 있다는 것이다. 이러한 발언은 미국의 정책을 경멸하고 중국을 조롱했으며, 전쟁을 확대하려는 의도로 비쳐졌다.

맥아더의 발언 때문에 동맹국들의 의구심에 시달려 또다시 입장이 곤란해진 트루먼 대통령은 그에게 "12월 6일자로 전달된 명령에 복종할 의무가 있음을 상기하고, 앞으로 공산 측 지휘관이 야전에서 휴전 회담을 요구하더라도 합동참모본부에 즉각 보고하고 훈령을 기다려야 한다"는 경고를 보냈다.

그러나 맥아더는 대만의 개입에 대해 의견을 같이하는 공화당 하원 원내총무인 마틴(Joseph W. Martin)과의 대화에서 "미국의 정책은 아시아를 희생시켜 유럽을 지원하는 것"이라는 비난을 되풀이했다. 이 내용은 1951년 4월 5일 마틴에 의하여, 미 하원은 물론이고 세계가 지켜보는 가운데 낭독되었다. 후에 맥아더는 이 내용을 대수롭지 않게 여겼다고 회고했으나, 트루먼 대통령은 이를 계기로 맥아더를 해임할 결심을 굳혔다.

결국 4월 11일, 트루먼은 이례적인 심야 기자회견을 통해 맥아더의 해임을 발표했고, 그 후임에 리지웨이 미 제8군사령관을 임명했다. 그리고 미 제8군 사령관으로는 밴 플리트 장군(James A. Van Fleet)이 임명되었다.

공산군의 마지막 대공세

38선을 회복한 이후, 유엔군의 작전은 이 선을 지켜 내는 소극적인 것으로 바뀌어 갔다. 그래서 작전 목표도 이후에 있을 적의 공세에 대비해서 방어선을 치기 좋은 거점들을 점령하는 데에 초점을 맞추었다. 이러한 맥락에서 설정된 방어선이 임진강 남쪽 제방에서 화천 저수지를 거쳐, 양양으로 연결되는 선이었다. 유엔군은 이 선에 캔자스 선(Kansas Line)이라는 이름을 붙였다.

이 선이 서부 전선에서는 38선에서 3~9킬로미터 정도, 동부 전선에서는 대체로 16킬로미터 정도 북쪽에 있는 산과 고지들을 연결하며 형성되었다. 이후에는 이른바 '철의 삼각지대(Iron Triangle)'를 점령하는 정도가 목표로 남았다. 만약 철의 삼각지대를 점령하려는 작전 중에 적의 위협을 받게 되면, 다시 캔자스 선으로 후퇴한다는 복안까지 세워놓았다. 맥아더도 리지웨이에게 목표 선까지 도달하면, 그 북쪽에서의 작전은 대대 규모 이하의 정찰로 제한하라는 명령을 내렸다.

그리고 4월 3일, 유엔군은 캔자스 선까지 진출하기 위한 작전을 개시했다. 작전 개시 후 대부분의 부대들은 무난하게 목표까지 진출할 수 있었다. 캔자스 선을 확보한 유엔군은 맥아더가 유엔군 사령관직에서 해임된 4월 11일, 철의 삼각지대를 확보하기 위한 공세를 시작했다.

그러나 이 작전은 캔자스 선을 확보하기 위한 작전 때와는 달리 공산군 측의 강력한 저항을 받았다. 뿐만 아니라 포로를 통해 얻은 정보 등으로 4월 22일 밤을 기해 공산군이 반격할 준비를 하고 있다는 사실을 알게 되었다. 사실 대부분의 전선에서 38선 북쪽으로 밀려난 공산군 측에서는, 이를 만회하기 위한 공세를 계획하고 있었던 것이다. 그러자 신임 미 제8군 사령관은 공세를 중지하고 방어 태세로 전환하라는 명령을 내렸다.

중국군 측에서는 유엔군이 철의 삼각지대를 확보하는 작

전을 하면서 중부 전선에 틈이 생기자, 이곳을 돌파하여 포위를 시도하며 유엔군을 서울에서 밀어내려는 작전을 세웠다. 이 공세가 이른바 '4월 공세'다. 이 공세에서는 미 제1군단과 미 제9군단에 공격이 집중되었다. 미군 측에서는 이 공세를 예측하고 미리 준비하고 있었음에도 불구하고 고전(苦戰)했다.

그렇지만 우세한 화력과 기동력을 발휘하여, 피해를 입으면서도 질서 있게 유사시에 대비해 만들어 놓은 방어선으로 후퇴할 수 있었다. 중동부 전선에서도 치열한 전투를 치르기는 했으나, 공격 개시 5일 만인 4월 가평 – 춘천과 소양강 선에서 저지되었다.

그럼에도 불구하고 공산군은 서부 전선에서 후퇴하는 유엔군을 추격하여 서울에서 몰아내고자, 그동안 폭격 피해를 줄이기 위해 감행하지 않았던 대낮에도 공격을 계속하는 작전을 펼쳤다. 4월 28일부터 시작된 이 공격이 초기에는 위협적이었지만, 곧 유엔군의 강력한 화력에 상당한 피해를 보았다. 그와 함께 그들의 보급 능력으로는 1주일 이상 공세를 지속시킬 수 없음을 드러내는 결과를 가져왔다. 공산군의 이른바 '4월 공세'가 끝난 이후 유엔군이 정찰 기지와 보급로를 확보하기 위해서 소규모 작전을 펴며 전선은 소강상태로 접어들었다.

그렇지만 공산군 지휘부는, 4월 공세에서 피해에 비해 별다른 전과를 거두지 못했다는 책임을 면하기 위해 새로운 공세를 준비하고 있었다. 그들은 철의 삼각지대를 두고 벌어진 격전 때문에 중동부 전선에서 노출된 국군을 섬멸시켜 미군을 고립시키려는 계획을 세웠다.

공산군의 공세 준비 징후가 뚜렷해지자, 국군과 유엔군 측에서도 적의 예상 집결지에 평소보다 5배에 달하는 사격을 하면서 견제했다. 그리고 진지 보강과 정찰 활동 역시 게을리하지 않았다.

그렇지만 공산 측은 서울 쪽에 공격을 집중시키는 척하면서, 실제로는 중동부 전선의 요충지 현리 지역에 주공(主攻)을 두었다. 병력이 우세하더라도 화력이 딸리면 이길 수 없다는 점을 인식한 공산군 측이, 차라리 공중 지원의 효과를 크게 보기 어려운 산악 지형으로 공격해 가는 편이 낫다고 판단했기 때문이다.

공산군의 공세가 서울 방면에 집중될 것으로 판단했던 유엔군 측은 허를 찔렸다. 5월 16일부터 시작된 공산군의 공세에, 먼저 공격에 나섰다가 미처 방어진을 강화하지 못한 채 기습을 당한 국군은 고전하며 밀려나야 했다. 그 결과 전선이 돌파당할 위기에 몰렸으나, 유엔군의 화력 지원을 바탕으로 현리 지역에서 생긴 돌파구가 확대되어 전선이 붕괴되는 사태를 막을 수 있었다.

여기에 미 제3사단이 투입되면서, 공세를 저지하는 동시에 반격으로 전환할 수 있는 계기를 마련했다. 또 대관령-강릉 방면으로 돌파구를 확대하려던 중국군의 공격도 국군의 저항으로 좌절되었다. 여기에 중동부 전선의 돌파를 지원하기 위하여, 서울 방면 공략에 나섰던 공산군 조공(助攻) 부대도 용문산에서 국군 제6사단의 선전에 막혀 피해만 입고 철수했다.

이러한 공방전을 치르면서 양측은 막대한 인적·물적 피해를 강요하는 전쟁에 지쳐 갔다. 특히 미국은 전쟁을 일찍 끝내자는 동맹국의 압력을 강하게 받게 되었다. 공산 측 역시 막심한 피해를 입었을 뿐만 아니라, 경제적인 부담을 계속 지고 가기 어려운 지경이었다.

이러한 분위기 속에서 소련 유엔 대표인 말리크는 6월 23일 총회 연설에서 휴전을 위한 토의를 시작하자고 제의하였다. 1주일 후에 리지웨이 유엔군 사령관도 북한의 김일성과 중국군 사령관 펑더화이에게 휴전 회담 제안을 내놓았다. 이를 공산 측이 수락함으로써 1951년 7월 10일부터 개성에서 휴전 회담이 열렸다. 이후 포로 교환 등의 여러 문제에서 생긴 의견 충돌로 교섭 중단과 재개를 거듭하다가, 1953년 3월 5일에 스탈린의 사망 이후 휴전 회담이 급진전되었다.

이승만은 휴전 반대를 주장하며 미 행정부와 갈등을 빚었다. 그러나 설득과 함께 여러 가지로 압력을 받자, 마침내 이승만도 미국이 제시한 조건을 받아들이며 휴전에 동의하지 않을 수 없었다. 그 결과 1953년 7월 27일에 휴전 협정이 맺어졌고, 3년 1개월에 걸친 전쟁은 막을 내렸다. 휴전을 모색하던 1951년 5월부터 미국이 세균전을 감행했다는 점에 대한 논란이 일어나기 시작했다. 그러나 공산 측에서 제기한 이 의문은 뚜렷한 증거를 제시하지는 못해 의혹 차원에서 그쳤다.

맺으며

전쟁의 유산을 꼽아보며

이 전쟁의 최대 피해자인 한민족의 국토는 초토화되었고, 인적·물적·정신적 피해는 대단히 컸다. 사망자 숫자만 수백만 명에 이르렀고, 그 외 부상이나 이산가족 숫자는 훨씬 더 많았다. 물적 손실도 치명적인 수준이었다. 학교·병원 및 민가를 비롯, 공장·도로·교량 등이 파괴되고 남·북한 모두의 사회적·경제적 기반이 붕괴되었다.

남·북한 모두 외국의 원조에 크게 의존해 전쟁 이후의 복구 사업을 추진했다. 특히 남한에는 미국의 원조가 절대적인 비중을 차지하고 있었다. 외국의 개입으로 전쟁을 치르면서 그들의 영향력이 커졌다. 그 결과 스스로를 비하하고, 서양을 중심으로 한 외세를 동경하는 경향도 생겼다. 이 때문에 가치관의 혼란을 가져오는 이른바 아노미(anomie) 현상이 심해졌다. 이보다 더 심각한 문제는 전쟁 이후, 서로 동족보다 적이라는 인식이 더 강해졌다는 점이다.

그러한 맥락에서 생겨난 전쟁의 유산 중 하나는 '학살'이다. 보통 '학살'이라고 하면 비무장 민간인 학살을 떠올리지만, 현대전에서는 보다 복잡한 요소가 있다. 무차별 폭격이나, 첨단 기술을 이용하여 사람을 가리지 않고 죽이는 생화학전으로 인한 인명 살상도 일종의 학살이라고 할 수 있기 때문이다.

'민간인 학살'에 대해서는 남·북한 가릴 것 없이 상대방의 것만 부각시키고 있다. 그렇지만 어떠한 형태로든 민간인 학살이 일어나지 않는 전쟁은 별로 없으며, 한국전쟁처럼 역전에 역전을 거듭하는 전쟁에서는 양쪽 다 학살에 나서기 쉽다.

이 중에서도 중요한 전투에 주로 투입되어 눈에 잘 띄었던 미군이 많은 문제를 일으킬 수밖에 없었다. 한국 민간인들과 적군을 구별하기 어려운 미군이, 민간인을 이용하는 작전에 자꾸 피해를 보게 되면 민간인 학살로 이어지기 쉽다.

보급이 잘 되지 않아 굶주리게 되면, 민간인을 약탈해서 필요한 물품을 충당해 내는 경우가 많았던 중국군과 북한군도 학살에 버금가는 피해를 주었다.

내전이라는 성격을 가지고 있는 한국전쟁의 성격상, 동족끼리의 권력 투쟁을 위해 자신들의 권력에 저항하지 못하도록 확실하게 본보기를 보이고 싶어 했다. 기본 이념부터 상반된 두 외세가 남한과 북한을 분할 점령하고 자기 입맛에 맞는 정권을 세우는 상황이었기 때문에 남한에서는 좌익 계열이, 북한에서는 우익 계열이 조직적이고 집단적으로 학살되었다.

이외에도 '무차별 폭격' 같은 '대량살상 무기'를 통하여 민간인이 대량으로 살상되는 수도 있다. 이 중 '무차별 폭격'은 공장지대 같은 전략목표를 타격해야 하는데, 목표를 정밀하게 구별해 공격할 기술이 없었던 당시 상황에서 고의성 여부를 따지는 것 자체가 무의미하다. 생화학무기 사용에 대해서는 아직까지도 확실하게 밝혀진 바가 없다고 보아야 한다.

전쟁을 기화로 남·북한 군대와 경찰은 물론 참전한 외국 군대까지 자행한 학살 때문에 서로에 대한 적개심을 씻어내기 어려워졌다. 그리하여 이후 양쪽 사회에서 편향된 이념이 기승을 부렸다. 이러한 분위기는 남·북한 양쪽 정권의 권력 강화에 이용당했다.

한국전쟁은 국제 정치에도 큰 영향을 미쳤다. 우선 미국은 제2차 세계대전과 한국전쟁을 거치며 군사력을 크게 증강시켰고, 이를 바탕으로 세계 최강대국의 지위를 굳혔다. 대한민국도 이후 역사에서 지구상 대부분의 나라들처럼 미국의 영향을 크게 받았다. 결과적으로 미국은 사실상 남한의 국방을 책임지며, 주요 정책에 결정적인 영향을 주었다.

또한 전쟁 이후 대한민국과 미국 모두가 우경화되는 경향이 뚜렷해졌고, 이른바 '반공 히스테리'까지 나타났다. 그 대표적인 사례가 미국의 '매카시(McCarth) 선풍'이다. 이러한 점을 이용해 미국은 세계의 많은 보수 정권과 상호방위조약을 맺었고, 여러 지역에서 반공적 집단안보기구를 만들어 냈다. 동남아시아조약기구(SEATO, South East Asia Treaty Organization)와 같은 것이 대표적인 예이다. 그리고 한국전쟁 덕분에 제2차 세계대전의 패전국인 일본이 경제부흥과 보수 체제의 안정을 이룰 수 있게 되었다.

프랑스엔 〈크세주〉, 일본엔 〈이와나미 문고〉, 한국에는 〈살림지식총서〉가 있습니다.

전자책 | 큰글자 | 오디오북

001 미국의 좌파와 우파 | 이주영
002 미국의 정체성 | 김형인
003 마이너리티 역사 | 손영호
004 두 얼굴을 가진 하나님 | 김형인
005 MD | 정욱식
006 반미 | 김진웅
007 영화로 보는 미국 | 김성곤
008 미국 뒤집어보기 | 장석정
009 미국 문화지도 | 장석정
010 미국 메모랜덤 | 최성일
011 위대한 어머니 여신 | 장영란
012 변신이야기 | 김선자
013 인도신화의 계보 | 류경희
014 축제인류학 | 류정아
015 오리엔탈리즘의 역사 | 정진농
016 이슬람 문화 | 이희수
017 살롱문화 | 서정복
018 추리소설의 세계 | 정규웅
019 애니메이션의 장르와 역사 | 이용배
020 문신의 역사 | 조현설
021 색채의 상징, 색채의 심리 | 박영수
022 인체의 신비 | 이성주
023 생물학무기 | 배우철
024 이 땅에서 우리말로 철학하기 | 이기상
025 중세는 정말 암흑기였나 | 이경재
026 미셸 푸코 | 양운덕
027 포스트모더니즘에 대한 성찰 | 신승환
028 조폭의 계보 | 방성수
029 성스러움과 폭력 | 류성민
030 성상 파괴주의와 성상 옹호주의 | 진형준
031 UFO학 | 성시정
032 최면의 세계 | 설기문
033 천문학 탐구자들 | 이면우
034 블랙홀 | 이충환
035 법의학의 세계 | 이윤성
036 양자 컴퓨터 | 이순칠
037 마피아의 계보 | 안혁
038 헬레니즘 | 윤진
039 유대인 | 정성호
040 M. 엘리아데 | 정진홍
041 한국교회의 역사 | 서정민
042 야웨와 바알 | 김남일
043 캐리커처의 역사 | 박창석
044 한국 액션영화 | 오승욱
045 한국 문예영화 이야기 | 김남석
046 포켓몬 마스터 되기 | 김윤아
047 판타지 | 송태현
048 르 몽드 | 최연구
049 그리스 사유의 기원 | 김재홍
050 영혼론 입문 | 이정우
051 알베르 카뮈 | 유기환
052 프란츠 카프카 | 편영수
053 버지니아 울프 | 김희정
054 재즈 | 최규용
055 뉴에이지 음악 | 양한수
056 중국의 고구려사 왜곡 | 최광식
057 중국의 정체성 | 강준영
058 중국의 문화코드 | 강진석
059 중국사상의 뿌리 | 장현근
060 화교 | 정성호
061 중국인의 금기 | 장범성
062 무협 | 문현선
063 중국영화 이야기 | 임대근
064 경극 | 송철규
065 중국적 사유의 원형 | 박정근
066 수도원의 역사 | 최형걸
067 현대 신학 이야기 | 박만
068 요가 | 류경희
069 성공학의 역사 | 정해윤
070 진정한 프로는 변화가 즐겁다 | 김학선
071 외국인 직접투자 | 송의달
072 지식의 성장 | 이한구
073 사랑의 철학 | 이정은
074 유교문화와 여성 | 김미영
075 매체 정보란 무엇인가 | 구연상
076 피에르 부르디외와 한국사회 | 홍성민
077 21세기 한국의 문화혁명 | 이정덕
078 사건으로 보는 한국의 정치변동 | 양길현
079 미국을 만든 사상들 | 정경희
080 한반도 시나리오 | 정욱식
081 미국인의 발견 | 우수근
082 미국의 거장들 | 김홍국
083 법으로 보는 미국 | 채동배
084 미국 여성사 | 이창신
085 책과 세계 | 강유원
086 유럽왕실의 탄생 | 김현수
087 박물관의 탄생 | 전진성
088 절대왕정의 탄생 | 임승휘
089 커피 이야기 | 김성윤
090 축구의 문화사 | 이은호
091 세기의 사랑 이야기 | 안재필
092 반연극의 계보와 미학 | 임준서

093 한국의 연출가들 | 김남석
094 동아시아의 공연예술 | 서연호
095 사이코드라마 | 김정일
096 철학으로 보는 문화 | 신응철
097 장 폴 사르트르 | 변광배
098 프랑스 문화와 상상력 | 박기현
099 아브라함의 종교 | 공일주
100 여행 이야기 | 이진홍
101 아테네 | 장영란
102 로마 | 한형곤
103 이스탄불 | 이희수
104 예루살렘 | 최창모
105 상트 페테르부르크 | 방일권
106 하이델베르크 | 곽병휴
107 파리 | 김복래
108 바르샤바 | 최건영
109 부에노스아이레스 | 고부안
110 멕시코 시티 | 정혜주
111 나이로비 | 양철준
112 고대 올림픽의 세계 | 김복희
113 종교와 스포츠 | 이창익
114 그리스 미술 이야기 | 노성두
115 그리스 문명 | 최혜영
116 그리스와 로마 | 김덕수
117 알렉산드로스 | 조현미
118 고대 그리스의 시인들 | 김헌
119 올림픽의 숨은 이야기 | 장원재
120 장르 만화의 세계 | 박인하
121 성공의 길은 내 안에 있다 | 이숙영
122 모든 것을 고객중심으로 바꿔라 | 안상헌
123 중세와 토마스 아퀴나스 | 박주영
124 우주 개발의 숨은 이야기 | 정홍철
125 나노 | 이영희
126 초끈이론 | 박재모 · 현승준
127 안토니 가우디 | 손세관
128 프랭크 로이드 라이트 | 서수경
129 프랭크 게리 | 이일형
130 리차드 마이어 | 이성훈
131 안도 다다오 | 임채진
132 색의 유혹 | 오수연
133 고객을 사로잡는 디자인 혁신 | 신언모
134 양주 이야기 | 김준철
135 주역과 운명 | 심의용
136 학계의 금기를 찾아서 | 강성민
137 미 · 중 · 일 새로운 패권전략 | 우수근
138 세계지도의 역사와 한반도의 발견 | 김상근
139 신용하 교수의 독도 이야기 | 신용하
140 간도는 누구의 땅인가 | 이성환
141 말리노프스키의 문화인류학 | 김용환
142 크리스마스 | 이영제
143 바로크 | 신정아
144 페르시아 문화 | 신규섭
145 패션과 명품 | 이재진
146 프랑켄슈타인 | 장정희
147 뱀파이어 연대기 | 한혜원
148 위대한 힙합 아티스트 | 김정훈
149 살사 | 최명호
150 모던 걸, 여우 목도리를 버려라 | 김주리
151 누가 하이카라 여성을 데리고 사누 | 김미지
152 스위트 홈의 기원 | 백지혜
153 대중적 감수성의 탄생 | 강심호
154 에로 그로 넌센스 | 소래섭
155 소리가 만들어낸 근대의 풍경 | 이승원
156 서울은 어떻게 계획되었는가 | 염복규
157 부엌의 문화사 | 함한희
158 칸트 | 최인숙
159 사람은 왜 인정받고 싶어하나 | 이정은
160 지중해학 | 박상진
161 동북아시아 비핵지대 | 이삼성 외
162 서양 배우의 역사 | 김정수
163 20세기의 위대한 연극인들 | 김미혜
164 영화음악 | 박신영
165 한국독립영화 | 김수남
166 영화와 샤머니즘 | 이종승
167 영화로 보는 불륜의 사회학 | 황혜진
168 J.D. 샐린저와 호밀밭의 파수꾼 | 김성곤
169 허브 이야기 | 조태동 · 송진희
170 프로레슬링 | 성민수
171 프랑크푸르트 | 이기식
172 바그다드 | 이동은
173 아테네인, 스파르타인 | 윤진
174 정치의 원형을 찾아서 | 최자영
175 소르본 대학 | 서정복
176 테마로 보는 서양미술 | 권용준
177 칼 마르크스 | 박영균
178 허버트 마르쿠제 | 손철성
179 안토니오 그람시 | 김현우
180 안토니오 네그리 | 윤수종
181 박이문의 문학과 철학 이야기 | 박이문
182 상상력과 가스통 바슐라르 | 홍명희
183 인간복제의 시대가 온다 | 김홍재
184 수소 혁명의 시대 | 김미선
185 로봇 이야기 | 김문상
186 일본의 정체성 | 김필동
187 일본의 서양문화 수용사 | 정하미
188 번역과 일본의 근대 | 최경옥
189 전쟁국가 일본 | 이성환
190 한국과 일본 | 하우봉
191 일본 누드 문화사 | 최유경
192 주신구라 | 이준섭
193 일본의 신사 | 박규태
194 미야자키 하야오 | 김윤아
195 애니메이션으로 보는 일본 | 박규태
196 디지털 에듀테인먼트 스토리텔링 | 강심호
197 디지털 애니메이션 스토리텔링 | 배주영
198 디지털 게임의 미학 | 전경란
199 디지털 게임 스토리텔링 | 한혜원
200 한국형 디지털 스토리텔링 | 이인화

201 디지털 게임, 상상력의 새로운 영토 | 이정엽
202 프로이트와 종교 | 권수영
203 영화로 보는 태평양전쟁 | 이동훈
204 소리의 문화사 | 김토일
205 극장의 역사 | 임종엽
206 뮤지엄건축 | 서상우
207 한옥 | 박명덕
208 한국만화사 산책 | 손상익
209 만화 속 백수 이야기 | 김성훈
210 코믹스 만화의 세계 | 박석환
211 북한만화의 이해 | 김성훈 · 박소현
212 북한 애니메이션 | 이대연 · 김경임
213 만화로 보는 미국 | 김기홍
214 미생물의 세계 | 이재열
215 빛과 색 | 변종철
216 인공위성 | 장영근
217 문화콘텐츠란 무엇인가 | 최연구
218 고대 근동의 신화와 종교 | 강성열
219 신비주의 | 금인숙
220 십자군, 성전과 약탈의 역사 | 진원숙
221 종교개혁 이야기 | 이성덕
222 자살 | 이진홍
223 성, 그 억압과 진보의 역사 | 윤가현
224 아파트의 문화사 | 박철수
225 권오길 교수가 들려주는 생물의 섹스 이야기 | 권오길
226 동물행동학 | 임신재
227 한국 축구 발전사 | 김성원
228 월드컵의 위대한 전설들 | 서준형
229 월드컵의 강국들 | 심재희
230 스포츠마케팅의 세계 | 박찬혁
231 일본의 이중권력, 쇼군과 천황 | 다카시로 고이치
232 일본의 사소설 | 안영희
233 글로벌 매너 | 박한표
234 성공하는 중국 진출 가이드북 | 우수근
235 20대의 정체성 | 정성호
236 중년의 사회학 | 정성호
237 인권 | 차병직
238 헌법재판 이야기 | 오호택
239 프라하 | 김규진
240 부다페스트| 김성진
241 보스턴 | 황선희
242 돈황 | 전인초
243 보들레르 | 이건수
244 돈 후안 | 정동섭
245 사르트르 참여문학론 | 변광배
246 문체론 | 이종오
247 올더스 헉슬리 | 김효원
248 탈식민주의에 대한 성찰 | 박종성
249 서양 무기의 역사 | 이내주
250 백화점의 문화사 | 김인호
251 초콜릿 이야기 | 정한진
252 향신료 이야기 | 정한진
253 프랑스 미식 기행 | 심순철
254 음식 이야기 | 윤진아
255 비틀스 | 고영탁
256 현대시와 불교 | 오세영
257 불교의 선악론 | 안옥선
258 질병의 사회사 | 신규환
259 와인의 문화사 | 고형욱
260 와인, 어떻게 즐길까 | 김준철
261 노블레스 오블리주 | 예종석
262 미국인의 탄생 | 김진웅
263 기독교의 교파 | 남병두
264 플로티노스 | 조규홍
265 아우구스티누스 | 박경숙
266 안셀무스 | 김영철
267 중국 종교의 역사 | 박종우
268 인도의 신화와 종교 | 정광흠
269 이라크의 역사 | 공일주
270 르 코르뷔지에 | 이관석
271 김수영, 혹은 시적 양심 | 이은정
272 의학사상사 | 여인석
273 서양의학의 역사 | 이재담
274 몸의 역사 | 강신익
275 인류를 구한 항균제들 | 예병일
276 전쟁의 판도를 바꾼 전염병 | 예병일
277 사상의학 바로 알기 | 장동민
278 조선의 명의들 | 김호
279 한국인의 관계심리학 | 권수영
280 모건의 가족 인류학 | 김용환
281 예수가 상상한 그리스도 | 김호경
282 사르트르와 보부아르의 계약결혼 | 변광배
283 초기 기독교 이야기 | 진원숙
284 동유럽의 민족 분쟁 | 김철민
285 비잔틴제국 | 진원숙
286 오스만제국 | 진원숙
287 별을 보는 사람들 | 조상호
288 한미 FTA 후 직업의 미래 | 김준성
289 구조주의와 그 이후 | 김종우
290 아도르노 | 이종하
291 프랑스 혁명 | 서정복
292 메이지유신 | 장인성
293 문화대혁명 | 백승욱
294 기생 이야기 | 신현규
295 에베레스트 | 김법모
296 빈 | 인성기
297 발트3국 | 서진석
298 아일랜드 | 한일동
299 이케다 하야토 | 권혁기
300 박정희 | 김성진
301 리콴유 | 김성진
302 덩샤오핑 | 박형기
303 마거릿 대처 | 박동운
304 로널드 레이건 | 김형곤
305 셰이크 모하메드 | 최진영
306 유엔사무총장 | 김정태
307 농구의 탄생 | 손대범
308 홍차 이야기 | 정은희

309 인도 불교사 | 김미숙
310 아힌사 | 이정호
311 인도의 경전들 | 이재숙
312 글로벌 리더 | 백형찬
313 탱고 | 배수경
314 미술경매 이야기 | 이규현
315 달마와 그 제자들 | 우봉규
316 화두와 좌선 | 김호귀
317 대학의 역사 | 이광주
318 이슬람의 탄생 | 진원숙
319 DNA분석과 과학수사 | 박기원
320 대통령의 탄생 | 조지형
321 대통령의 퇴임 이후 | 김형곤
322 미국의 대통령 선거 | 윤용희
323 프랑스 대통령 이야기 | 최연구
324 실용주의 | 이유선
325 맥주의 세계 | 원융희
326 SF의 법칙 | 고장원
327 원효 | 김원명
328 베이징 | 조창완
329 상하이 | 김윤희
330 홍콩 | 유영하
331 중화경제의 리더들 | 박형기
332 중국의 엘리트 | 주장환
333 중국의 소수민족 | 정재남
334 중국을 이해하는 9가지 관점 | 우수근
335 고대 페르시아의 역사 | 유흥태
336 이란의 역사 | 유흥태
337 에스파한 | 유흥태
338 번역이란 무엇인가 | 이향
339 해체론 | 조규형
340 자크 라캉 | 김용수
341 하지홍 교수의 개 이야기 | 하지홍
342 다방과 카페, 모던보이의 아지트 | 장유정
343 역사 속의 채식인 | 이광조 (절판)
344 보수와 진보의 정신분석 | 김용신
345 저작권 | 김기태
346 왜 그 음식은 먹지 않을까 | 정한진
347 플라멩코 | 최명호
348 월트 디즈니 | 김지영
349 빌 게이츠 | 김익현
350 스티브 잡스 | 김상훈
351 잭 웰치 | 하정필
352 워렌 버핏 | 이민주
353 조지 소로스 | 김성진
354 마쓰시타 고노스케 | 권혁기
355 도요타 | 이우광
356 기술의 역사 | 송성수
357 미국의 총기 문화 | 손영호
358 표트르 대제 | 박지배
359 조지 워싱턴 | 김형곤
360 나폴레옹 | 서정복
361 비스마르크 | 김장수
362 모택동 | 김승일
363 러시아의 정체성 | 기연수
364 너는 시방 위험한 로봇이다 | 오은
365 발레리나를 꿈꾼 로봇 | 김선혁
366 로봇 선생님 가라사대 | 안동근
367 로봇 디자인의 숨겨진 규칙 | 구신애
368 로봇을 향한 열정, 일본 애니메이션 | 안병욱
369 도스토예프스키 | 박영은
370 플라톤의 교육 | 장영란
371 대공황 시대 | 양동휴
372 미래를 예측하는 힘 | 최연구
373 꼭 알아야 하는 미래 질병 10가지 | 우정헌
374 과학기술의 개척자들 | 송성수
375 레이첼 카슨과 침묵의 봄 | 김재호
376 좋은 문장 나쁜 문장 | 송준호
377 바울 | 김호경
378 테킬라 이야기 | 최명호
379 어떻게 일본 과학은 노벨상을 탔는가 | 김범성
380 기후변화 이야기 | 이유진
381 샹송 | 전금주
382 이슬람 예술 | 전완경
383 페르시아의 종교 | 유흥태
384 삼위일체론 | 유해무
385 이슬람 율법 | 공일주
386 금강경 | 곽철환
387 루이스 칸 | 김낙중 · 정태용
388 톰 웨이츠 | 신주현
389 위대한 여성 과학자들 | 송성수
390 법원 이야기 | 오호택
391 명예훼손이란 무엇인가 | 안상운
392 사법권의 독립 | 조지형
393 피해자학 강의 | 장규원
394 정보공개란 무엇인가 | 안상운
395 적정기술이란 무엇인가 | 김정태 · 홍성욱
396 치명적인 금융위기, 왜 유독 대한민국인가 | 오형규
397 지방자치단체, 돈이 새고 있다 | 최인욱
398 스마트 위험사회가 온다 | 민경식
399 한반도 대재난, 대책은 있는가 | 이정직
400 불안사회 대한민국, 복지가 해답인가 | 신광영
401 21세기 대한민국 대외전략 | 김기수
402 보이지 않는 위협, 종북주의 | 류현수
403 우리 헌법 이야기 | 오호택
404 핵심 중국어 간체자(简体字) | 김현정
405 문화생활과 문화주택 | 김용범
406 미래주거의 대안 | 김세용 · 이재준
407 개방과 폐쇄의 딜레마, 북한의 이중적 경제 | 남성욱 · 정유석
408 연극과 영화를 통해 본 북한 사회 | 민병욱
409 먹기 위한 개방, 살기 위한 핵외교 | 김계동
410 북한 정권 붕괴 가능성과 대비 | 전경주
411 북한을 움직이는 힘, 군부의 패권경쟁 | 이영훈
412 인민의 천국에서 벌어지는 인권유린 | 허만호
413 성공을 이끄는 마케팅 법칙 | 추성엽
414 커피로 알아보는 마케팅 베이직 | 김민주
415 쓰나미의 과학 | 이호준
416 20세기를 빛낸 극작가 20인 | 백승무

417 20세기의 위대한 지휘자 | 김문경
418 20세기의 위대한 피아니스트 | 노태헌
419 뮤지컬의 이해 | 이동섭
420 위대한 도서관 건축 순례 | 최정태
421 아름다운 도서관 오디세이 | 최정태
422 롤링 스톤즈 | 김기범
423 서양 건축과 실내디자인의 역사 | 천진희
424 서양 가구의 역사 | 공혜원
425 비주얼 머천다이징&디스플레이 디자인 | 강희수
426 호감의 법칙 | 김경호
427 시대의 지성, 노암 촘스키 | 임기대
428 역사로 본 중국음식 | 신계숙
429 일본요리의 역사 | 박병학
430 한국의 음식문화 | 도현신
431 프랑스 음식문화 | 민혜련
432 중국차 이야기 | 조은아
433 디저트 이야기 | 안호기
434 치즈 이야기 | 박승용
435 면(麵) 이야기 | 김한송
436 막걸리 이야기 | 정은숙
437 알렉산드리아 비블리오테카 | 남태우
438 개헌 이야기 | 오호택
439 전통 명품의 보고, 규장각 | 신병주
440 에로스의 예술, 발레 | 김도윤
441 소크라테스를 알라 | 장영란
442 소프트웨어가 세상을 지배한다 | 김재호
443 국제난민 이야기 | 김철민
444 셰익스피어 그리고 인간 | 김도윤
445 명상이 경쟁력이다 | 김필수
446 갈매나무의 시인 백석 | 이숭원
447 브랜드를 알면 자동차가 보인다 | 김흥식
448 파이온에서 힉스 입자까지 | 이강영
449 알고 쓰는 화장품 | 구희연
450 희망이 된 인문학 | 김호연
451 한국 예술의 큰 별 동랑 유치진 | 백형찬
452 경허와 그 제자들 | 우봉규
453 논어 | 윤홍식
454 장자 | 이기동
455 맹자 | 장현근
456 관자 | 신창호
457 순자 | 윤무학
458 미사일 이야기 | 박준복
459 사주(四柱) 이야기 | 이지형
460 영화로 보는 로큰롤 | 김기범
461 비타민 이야기 | 김정환
462 장군 이순신 | 도현신
463 전쟁의 심리학 | 이윤규
464 미국의 장군들 | 여영무
465 첨단무기의 세계 | 양낙규
466 한국무기의 역사 | 이내주
467 노자 | 임헌규
468 한비자 | 윤찬원
469 묵자 | 박문현
470 나는 누구인가 | 김용신
471 논리적 글쓰기 | 여세주
472 디지털 시대의 글쓰기 | 이강룡
473 NLL을 말하다 | 이상철
474 뇌의 비밀 | 서유헌
475 버트런드 러셀 | 박병철
476 에드문트 후설 | 박인철
477 공간 해석의 지혜, 풍수 | 이지형
478 이야기 동양철학사 | 강성률
479 이야기 서양철학사 | 강성률
480 독일 계몽주의의 유학적 기초 | 전홍석
481 우리말 한자 바로쓰기 | 안광희
482 유머의 기술 | 이상훈
483 관상 | 이태룡
484 가상학 | 이태룡
485 역경 | 이태룡
486 대한민국 대통령들의 한국경제 이야기 1 | 이장규
487 대한민국 대통령들의 한국경제 이야기 2 | 이장규
488 별자리 이야기 | 이형철 외
489 셜록 홈즈 | 김재성
490 역사를 움직인 중국 여성들 | 이양자
491 중국 고전 이야기 | 문승용
492 발효 이야기 | 이미란
493 이승만 평전 | 이주영
494 미군정시대 이야기 | 차상철
495 한국전쟁사 | 이희진
496 정전협정 | 조성훈
497 북한 대남 침투도발사 | 이윤규
498 수상 | 이태룡
499 성명학 | 이태룡
500 결혼 | 남정욱
501 광고로 보는 근대문화사 | 김병희
502 시조의 이해 | 임형선
503 일본인은 왜 속마음을 말하지 않을까 | 임영철
504 내 사랑 아다지오 | 양태조
505 수프림 오페라 | 김도윤
506 바그너의 이해 | 서정원
507 원자력 이야기 | 이정익
508 이스라엘과 창조경제 | 정성호
509 한국 사회 빈부의식은 어떻게 변했는가 | 김용신
510 요하문명과 한반도 | 우실하
511 고조선왕조실록 | 이희진
512 고구려조선왕조실록 1 | 이희진
513 고구려조선왕조실록 2 | 이희진
514 백제왕조실록 1 | 이희진
515 백제왕조실록 2 | 이희진
516 신라왕조실록 1 | 이희진
517 신라왕조실록 2 | 이희진
518 신라왕조실록 3 | 이희진
519 가야왕조실록 | 이희진
520 발해왕조실록 | 구난희
521 고려왕조실록 1 (근간)
522 고려왕조실록 2 (근간)
523 조선왕조실록 1 | 이성무
524 조선왕조실록 2 | 이성무

525 조선왕조실록 3 | 이성무
526 조선왕조실록 4 | 이성무
527 조선왕조실록 5 | 이성무
528 조선왕조실록 6 | 편집부
529 정한론 | 이기용
530 청일전쟁 | 이성환
531 러일전쟁 | 이성환
532 이슬람 전쟁사 | 진원숙
533 소주이야기 | 이지형
534 북한 남침 이후 3일간, 이승만 대통령의 행적 | 남정옥
535 제주 신화 1 | 이석범
536 제주 신화 2 | 이석범
537 제주 전설 1 | 이석범 (절판)
538 제주 전설 2 | 이석범 (절판)
539 제주 전설 3 | 이석범 (절판)
540 제주 전설 4 | 이석범 (절판)
541 제주 전설 5 | 이석범 (절판)
542 제주 민담 | 이석범
543 서양의 명장 | 박기련
544 동양의 명장 | 박기련
545 루소, 교육을 말하다 | 고봉만 · 황성원
546 철학으로 본 앙트러프러너십 | 전인수
547 예술과 앙트러프러너십 | 조명계
548 예술마케팅 | 전인수
549 비즈니스상상력 | 전인수
550 개념설계의 시대 | 전인수
551 미국 독립전쟁 | 김형곤
552 미국 남북전쟁 | 김형곤
553 초기불교 이야기 | 곽철환
554 한국가톨릭의 역사 | 서정민
555 시아 이슬람 | 유흥태
556 스토리텔링에서 스토리두잉으로 | 윤주
557 백세시대의 지혜 | 신현동
558 구보 씨가 살아온 한국 사회 | 김병희
559 정부광고로 보는 일상생활사 | 김병희
560 정부광고의 국민계몽 캠페인 | 김병희
561 도시재생이야기 | 윤주
562 한국의 핵무장 | 김재엽
563 고구려 비문의 비밀 | 정호섭
564 비슷하면서도 다른 한중문화 | 장범성
565 급변하는 현대 중국의 일상 | 장시,리우린,장범성
566 중국의 한국 유학생들 | 왕링윈, 장범성
567 밥 딜런 그의 나라에는 누가 사는가 | 오민석
568 언론으로 본 정부 정책의 변천 | 김병희
569 전통과 보수의 나라 영국 1-영국 역사 | 한일동
570 전통과 보수의 나라 영국 2-영국 문화 | 한일동
571 전통과 보수의 나라 영국 3-영국 현대 | 김언조
572 제1차 세계대전 | 윤형호
573 제2차 세계대전 | 윤형호
574 라벨로 보는 프랑스 포도주의 이해 | 전경준
575 미셸 푸코, 말과 사물 | 이규현
576 프로이트, 꿈의 해석 | 김석
577 왜 5왕 | 홍성화
578 소가씨 4대 | 나행주
579 미나모토노 요리토모 | 남기학
580 도요토미 히데요시 | 이계황
581 요시다 쇼인 | 이희복
582 시부사와 에이이치 | 양의모
583 이토 히로부미 | 방광석
584 메이지 천황 | 박진우
585 하라 다카시 | 김영숙
586 히라쓰카 라이초 | 정애영
587 고노에 후미마로 | 김봉식
588 모방이론으로 본 시장경제 | 김진식
589 보들레르의 풍자적 현대문명 비판 | 이건수
590 원시유교 | 한성구
591 도가 | 김대근
592 춘추전국시대의 고민 | 김현주
593 사회계약론 | 오수웅

한국전쟁사

펴낸날	초판 1쇄 2014년 8월 29일
	초판 2쇄 2021년 9월 24일

지은이	이희진
펴낸이	심만수
펴낸곳	(주)살림출판사
출판등록	1989년 11월 1일 제9-210호

주소	경기도 파주시 광인사길 30
전화	031-955-1350 팩스 031-624-1356
홈페이지	http://www.sallimbooks.com
이메일	book@sallimbooks.com

ISBN	978-89-522-2924-3 04080
	978-89-522-0096-9 04080(세트)

※ 값은 뒤표지에 있습니다.

※ 잘못 만들어진 책은 구입하신 서점에서 바꾸어 드립니다.

085 책과 세계

강유원(철학자)

책이라는 텍스트는 본래 세계라는 맥락에서 생겨났다. 인류가 남긴 고전의 중요성은 바로 우리가 가 볼 수 없는 세계를 글자라는 매개를 통해서 우리에게 생생하게 전해 주는 것이다. 이 책은 역사라는 시간과 지상이라고 하는 공간 속에 나타났던 텍스트를 통해 고전에 담겨진 사회와 사상을 드러내려 한다.

056 중국의 고구려사 왜곡 eBook

최광식(고려대 한국사학과 교수)

중국의 고구려사 왜곡의 숨은 의도와 논리, 그리고 우리의 대응 방안을 다뤘다. 저자는 동북공정이 국가 차원에서 진행되는 정치적 프로젝트임을 치밀하게 증언한다. 경제적 목적과 영토 확장의 이해관계 등이 복잡하게 얽혀 있는 동북공정의 진정한 배경에 대한 설명, 고구려의 역사적 정체성에 대한 문제, 고구려사 왜곡에 대한 우리의 대처방법 등이 소개된다.

291 프랑스 혁명 eBook

서정복(충남대 사학과 교수)

프랑스 혁명은 시민혁명의 모델이자 근대 시민국가 탄생의 상징이지만, 그 실상을 아는 사람은 많지 않다. 프랑스 혁명이 바스티유 습격 이전에 이미 시작되었으며, 자유와 평등 그리고 공화정의 꽃을 피기 위해 너무 많은 피를 흘렸고, 혁명의 과정에서 해방과 공포가 엇갈리고 있었다는 등의 이야기를 통해 프랑스 혁명의 실상을 소개한다.

139 신용하 교수의 독도 이야기 eBook

신용하(백범학술원 원장)

사학계의 원로이자 독도 관련 연구의 대가인 신용하 교수가 일본의 독도 영토 편입문제를 걱정하며 일반 독자가 읽기 쉽게 쓴 책. 저자는 역사적으로나 국제법상으로 실효적 점유상으로나, 어느 측면에서 보아도 독도는 명백하게 우리 땅이라고 주장하며 여러 가지 역사적인 자료를 제시한다.

144 페르시아 문화

eBook

신규섭(한국외대 연구교수)

인류 최초 문명의 뿌리에서 뻗어 나와 아랍을 넘어 중국, 인도와 파키스탄, 심지어 그리스에까지 흔적을 남긴 페르시아 문화에 대한 개론서. 이 책은 오랫동안 베일에 가려 있던 페르시아 문명을 소개하여 이슬람에 대한 편견과 오해를 바로 잡는다. 이태백이 이란계였다는 사실, 돈황과 서역, 이란의 현대 문화 등이 서술된다.

086 유럽왕실의 탄생

김현수(단국대 역사학과 교수)

인류에게 '예술과 문명' 그리고 '근대와 국가'라는 개념을 선사한 유럽왕실. 유럽왕실의 탄생배경과 그 정체성은 무엇인가? 이 책은 게르만의 한 종족인 프랑크족과 메로빙거 왕조, 프랑스의 카페 왕조, 독일의 작센 왕조, 잉글랜드의 웨섹스 왕조 등 수많은 왕조의 출현과 쇠퇴를 통해 유럽 역사의 변천을 소개한다.

016 이슬람 문화

이희수(한양대 문화인류학과 교수)

이슬람교와 무슬림의 삶, 테러와 팔레스타인 문제 등 이슬람 문화 전반을 다룬 책. 저자는 그들의 멋과 가치관을 흥미롭게 설명하면서 한편으로 오해와 편견에 사로잡혀 있던 시각의 일대 전환을 요구한다. 이슬람교와 기독교의 관계, 무슬림의 삶과 낭만, 이슬람 원리주의와 지하드의 실상, 팔레스타인 분할 과정 등의 내용이 소개된다.

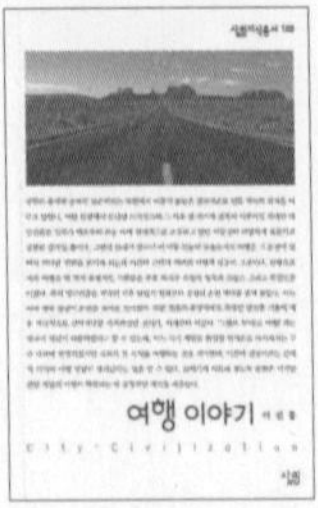

100 여행 이야기

eBook

이진홍(한국외대 강사)

이 책은 여행의 본질 위를 '길거리의 철학자'처럼 편안하게 소요한다. 먼저 여행의 역사를 더듬어 봄으로써 여행이 어떻게 인류 역사의 형성과 같이해 왔는지를 생각하고, 다음으로 여행의 사회학적 · 심리학적 의미를 추적함으로써 여행에 어떤 의미를 부여할 것인가에 대해 말한다. 또한 우리의 내면과 여행의 관계 정의를 시도한다.

293 문화대혁명 중국 현대사의 트라우마

eBook

백승욱(중앙대 사회학과 교수)

중국의 문화대혁명은 한두 줄의 정부 공식 입장을 통해 정리될 수 없는 중대한 사건이다. 20세기 중국의 모든 모순은 사실 문화대혁명 시기에 집약되어 있다고 해도 과언이 아니다. 사회주의 시기의 국가 · 당 · 대중의 모순이라는 문제의 복판에서 문화대혁명을 다시 읽을 필요가 있는 지금, 이 책은 문화대혁명에 대한 안내자가 될 것이다.

174 정치의 원형을 찾아서

eBook

최자영(부산외국어대학교 HK교수)

인류가 걸어온 모든 정치체제들을 매우 짧은 기간 동안 시험하고 정비한 나라, 그리스. 이 책은 과두정, 민주정, 참주정 등 고대 그리스의 정치사를 추적하고, 정치가들의 파란만장한 일화 등을 소개하고 있다. 특히 이 책의 저자는 아테네인들이 추구했던 정치방법이 오늘 우리 사회가 당면한 문제를 해결할 수 있는 지혜의 발견에 도움을 줄 수 있을 것이라고 말한다.

420 위대한 도서관 건축순례

eBook

최정태(부산대학교 명예교수)

이 책은 도서관의 건축을 중심으로 다룬 일종의 기행문이다. 고대 도서관에서부터 21세기에 완공된 최첨단 도서관까지, 필자는 가능한 많은 도서관을 직접 찾아보려고 애썼다. 미처 방문하지 못한 도서관에 대해서는 문헌과 그림 등 가능한 많은 정보를 수집하려 노력했다. 필자의 단상들을 함께 읽는 동안 우리 사회에서 도서관이 차지하는 의미에 대해 다시 생각하게 된다.

421 아름다운 도서관 오디세이

eBook

최정태(부산대학교 명예교수)

이 책은 문헌정보학과에서 자료 조직을 공부하고 평생을 도서관에 몸담았던 한 도서관 애찬가의 고백이다. 필자는 퇴임 후 지금까지 도서관을 돌아다니면서 직접 보고 배운 것이 40여 년 동안 강단과 현장에서 보고 얻은 이야기보다 훨씬 많았다고 말한다. '세계 도서관 여행 가이드'라 불러도 손색없을 만큼 풍부하고 다채로운 내용이 이 한 권에 담겼다.

eBook 표시가 되어있는 도서는 전자책으로 구매가 가능합니다.

016 이슬람 문화 | 이희수
017 살롱문화 | 서정복 eBook
020 문신의 역사 | 조현설 eBook
038 헬레니즘 | 윤진 eBook
056 중국의 고구려사 왜곡 | 최광식 eBook
085 책과 세계 | 강유원
086 유럽왕실의 탄생 | 김현수 eBook
087 박물관의 탄생 | 전진성 eBook
088 절대왕정의 탄생 | 임승휘 eBook
100 여행 이야기 | 이진홍 eBook
101 아테네 | 장영란 eBook
102 로마 | 한형곤 eBook
103 이스탄불 | 이희수 eBook
104 예루살렘 | 최창모 eBook
105 상트 페테르부르크 | 방일권 eBook
106 하이델베르크 | 곽병휴 eBook
107 파리 | 김복래 eBook
108 바르샤바 | 최건영 eBook
109 부에노스아이레스 | 고부안 eBook
110 멕시코 시티 | 정혜주 eBook
111 나이로비 | 양철준 eBook
112 고대 올림픽의 세계 | 김복희 eBook
113 종교와 스포츠 | 이창익 eBook
115 그리스 문명 | 최혜영
116 그리스와 로마 | 김덕수 eBook
117 알렉산드로스 | 조현미
138 세계지도의 역사와 한반도의 발견 | 김상근 eBook
139 신용하 교수의 독도 이야기 | 신용하
140 간도는 누구의 땅인가 | 이성환 eBook
143 바로크 | 신정아 eBook
144 페르시아 문화 | 신규섭 eBook
150 모던 걸, 여우 목도리를 버려라 | 김주리 eBook
151 누가 하이카라 여성을 데리고 사누 | 김미지 eBook
152 스위트 홈의 기원 | 백지혜 eBook
153 대중적 감수성의 탄생 | 강심호 eBook
154 에로 그로 넌센스 | 소래섭 eBook
155 소리가 만들어낸 근대의 풍경 | 이승원 eBook
156 서울은 어떻게 계획되었는가 | 염복규 eBook
157 부엌의 문화사 | 함한희
171 프랑크푸르트 | 이기식 eBook
172 바그다드 | 이동은 eBook
173 아테네인, 스파르타인 | 윤진 eBook
174 정치의 원형을 찾아서 | 최자영 eBook
175 소르본 대학 | 서정복 eBook
187 일본의 서양문화 수용사 | 정하미
188 번역과 일본의 근대 | 최경옥
189 전쟁국가 일본 | 이성환 eBook
191 일본 누드 문화사 | 최유경
192 주신구라 | 이준섭
193 일본의 신사 | 박규태 eBook
220 십자군, 성전과 약탈의 역사 | 진원숙
239 프라하 | 김규진 eBook
240 부다페스트 | 김성진 eBook
241 보스턴 | 황선희
242 돈황 | 전인초 eBook
249 서양 무기의 역사 | 이내주
250 백화점의 문화사 | 김인호
251 초콜릿 이야기 | 정한진
252 향신료 이야기 | 정한진
259 와인의 문화사 | 고형욱
269 이라크의 역사 | 공일주
283 초기 기독교 이야기 | 진원숙
285 비잔틴제국 | 진원숙 eBook
286 오스만제국 | 진원숙 eBook
291 프랑스 혁명 | 서정복 eBook
292 메이지유신 | 장인성
293 문화대혁명 | 백승욱 eBook
294 기생 이야기 | 신현규 eBook
295 에베레스트 | 김법모 eBook
296 빈 | 인성기 eBook
297 발트3국 | 서진석 eBook
298 아일랜드 | 한일동
308 홍차 이야기 | 정은희 eBook
317 대학의 역사 | 이광주
318 이슬람의 탄생 | 진원숙
335 고대 페르시아의 역사 | 유흥태
336 이란의 역사 | 유흥태
337 에스파한 | 유흥태
342 다방과 카페, 모던보이의 아지트 | 장유정
343 역사 속의 채식인 | 이광조
371 대공황 시대 | 양동휴 eBook
420 위대한 도서관 건축순례 | 최정태 eBook
421 아름다운 도서관 오디세이 | 최정태 eBook
423 서양 건축과 실내 디자인의 역사 | 천진희 eBook
424 서양 가구의 역사 | 공혜원 eBook
437 알렉산드리아 비블리오테카 | 남태우 eBook
439 전통 명품의 보고, 규장각 | 신병주 eBook
443 국제난민 이야기 | 김철민 eBook
462 장군 이순신 | 도현신 eBook
463 전쟁의 심리학 | 이윤규 eBook
466 한국무기의 역사 | 이내주 eBook
486 대한민국 대통령들의 한국경제 이야기 1 | 이장규 eBook
487 대한민국 대통령들의 한국경제 이야기 2 | 이장규 eBook
490 역사를 움직인 중국 여성들 | 이양자 eBook
493 이승만 평전 | 이주영 eBook
494 미군정시대 이야기 | 차상철 eBook
495 한국전쟁사 | 이희진 eBook
496 정전협정 | 조성훈 eBook
497 북한 대남침투도발사 | 이윤규 eBook
510 요하 문명(근간)
511 고조선왕조실록(근간)
512 고구려왕조실록 1(근간)
513 고구려왕조실록 2(근간)
514 백제왕조실록 1(근간)
515 백제왕조실록 2(근간)
516 신라왕조실록 1(근간)
517 신라왕조실록 2(근간)
518 신라왕조실록 3(근간)
519 가야왕조실록(근간)
520 발해왕조실록(근간)
521 고려왕조실록 1(근간)
522 고려왕조실록 2(근간)
523 조선왕조실록 1 | 이성무 eBook
524 조선왕조실록 2 | 이성무 eBook
525 조선왕조실록 3 | 이성무 eBook
526 조선왕조실록 4 | 이성무 eBook
527 조선왕조실록 5 | 이성무 eBook
528 조선왕조실록 6 | 편집부 eBook

㈜살림출판사
www.sallimbooks.com
주소 경기도 파주시 문발동 522-1 | 전화 031-955-1350 | 팩스 031-955-1355